中国旅游发展年度报告书系
Annual Development Report of China's Tourism

# 中国旅行服务业发展报告
## 2017

CHINA TRAVEL SERVICE INDUSTRY
DEVELOPMENT REPORT
2017

中国旅游研究院

北京·旅游教育出版社

责任编辑：郭珍宏

**图书在版编目（CIP）数据**

中国旅行服务业发展报告. 2017 / 中国旅游研究院著. -- 北京：旅游教育出版社，2017.10
　ISBN 978-7-5637-3646-1

Ⅰ. ①中… Ⅱ. ①中… Ⅲ. ①旅游服务－产业发展－研究报告－中国－2017 Ⅳ. ①F592.6

中国版本图书馆CIP数据核字（2017）第256291号

## 中国旅行服务业发展报告 2017
中国旅游研究院　著

| 出版单位 | 旅游教育出版社 |
|---|---|
| 地　　址 | 北京市朝阳区定福庄南里1号 |
| 邮　　编 | 100024 |
| 发行电话 | （010）65778403　65728372　65767462（传真） |
| 本社网址 | www.tepcb.com |
| E - mail | tepfx@163.com |
| 排版单位 | 北京旅教文化传播有限公司 |
| 印刷单位 | 北京中科印刷有限公司 |
| 经销单位 | 新华书店 |
| 开　　本 | 787毫米×1092毫米　1/16 |
| 印　　张 | 7 |
| 字　　数 | 95千字 |
| 版　　次 | 2017年10月第1版 |
| 印　　次 | 2017年10月第1次印刷 |
| 定　　价 | 66.00元 |

（图书如有装订差错请与发行部联系）

## 《中国旅行服务业发展报告 2017》编委会

**主任委员**

戴　斌

**编　　委**（按姓氏音序排序）

戴　斌　蒋依依　李仲广　马仪亮　宋子千
唐晓云　吴丰林　吴　普　夏少颜　杨宏浩

## 《中国旅行服务业发展报告 2017》编写组

**主　　编**

李仲广

**执行主编**

何琼峰

**编辑部成员**

李仲广　何琼峰　杨宏浩　吴丽云　战冬梅
苏　娜　郑维佳　张　扬　马越萱　徐明霞

# 序　言

人民群众对美好生活的向往，对服务品质的追求，使得旅游、旅行和休闲消费已经成为老百姓常态化的生活选项。随着小康社会中国梦一步一步成为现实，内生性旅游休闲消费的增长趋势已经不可逆转。我们正在迎来大众旅游的新时代，到2020年我国全面建成小康社会的时候，人均出游率将达到4.5次，出境旅游也将接近2亿人次，并形成7万亿~8万亿的旅游休闲消费市场。在对未来保持乐观预期的同时，还有数以亿计的中低收入的城乡居民还没有享受过一次真正意义的观光旅游，还有成千上万的游客不得不承受零负团费、强迫购物、消费欺诈之痛。除了不良商家的不诚信，还有行政监管体系的不够完善等方面的外因，更有游客消费经验不足、消费预算较低的内因。既然旅游是人类长存的生活方式，是生活品质提升的重要指标，我们就应当付出所有的才情和努力，通过商业创新和技术进步，为市场提供分层分类的产品和服务，让更多的父老兄弟参与到旅游休闲的进程中来。对于有意愿，也有能力实现其品质需求的消费者，我们当然需要研发和提供更多个性化，甚至是高端化的旅游产品；对于那些有意愿，却暂时没有能力表达其有效需求，或者说没有足够的货币支付能力的消费者，我们能否坚守"不作恶"的商业伦理，坚持"做阳光下的生意"。

任何一家商业机构都必须遵守基本的商业规律，无论繁荣还是萧条，无论机遇还是挑战，都能知所进退，有所为有所不为，方成大器。在这个处处充满平台、渠道、产品多元谱系的市场，时时面对资本、技术和文化诱惑的当下，经常面临年轻创业者的"传统已死"的嘲弄，还有朋友圈里先行一步者的俯视。在这个众声喧哗的时代，不浮夸、不东张西望、不三分钟热度，而是老老实实把自己能做的事情像庖丁解牛那样做到极致，对这些传统商业规则坚守也是越来越稀缺了。历史将告诉未来，金融资本也好，产业资本也罢，当且仅当有效对接实体经济，才能实现自己的最大价值，才能促进国家旅业的良性发展。旅游是朝阳产业，旅行服务业则处于充分竞争的状态，相信金融资本和产业资本对包括旅行社在内的实体经济改造提升的同时，只有最大限度地尊重实体经济，赋予企业家和专业群体以独立性和个性，才能有效激发其生机与活力，并最终实现投资和战略合作的可持续发展目标。

任何科技进步和市场创新都是双刃剑，在为经济增长和社会福利带来增长新动能的同时，也可能会带来商业伦理和文明演化的挑战。我们承认基础研发和科技应用为人类的生产生活带来了极大的便利，也越来越认识到科技对人的异化的可能性，从"机器人三原则"，到"人猪胚胎"的生物伦理学争论，充分表明了人类对科技进步的必要警惕。旅游是直接与公众生活相关的产业，若干市场主体已经渐显"数据驱动型"的成长轨迹，上述问题离我们并不遥远。比如，服务过程中如何保护客户的隐私，数据发布时如何有效脱敏，商业合作中如何尊重他人的知识产权。在这个喧嚣的市场化进程中，我们应当自觉承担旅游权利和商业伦理双重建构的社会责任。对于技术应用和商业创新在旅游领域的高歌猛进，加上这几年无所不用其极的价格战，希望各企业确定好我们究竟要向市场和社会传递什么样的商业理念，把目光投向更为广阔的商业格局和社会责任，带领旅行服务产业在创新的道路上走得更远。风沙吹散始到金，在漫长的时间长河中，首先被淘汰的将是那些没有灵魂或者是说无法体现和承载普适价值观的物件，无论是批发商、零售商还是供应商，都到了重新回归服务、品质、价值这些商业传统，并向经典致敬的时候了。

中国旅游研究院院长、国家旅游局数据中心主任

# 目 录
CONTENTS

**第一章 旅行服务市场运行特征和趋势** …………………………… 1
 一、2016年旅行产业运行分析 ………………………………… 2
 二、2017年旅行服务产业运行趋势 …………………………… 5
 三、旅行服务产业发展特点 …………………………………… 7
 四、发展困境和政策建议 ……………………………………… 8

**第二章 旅行服务市场的规模和结构** …………………………… 11
 一、国民旅游需求持续释放 …………………………………… 12
 二、出境市场规模继续扩大，旅游花费不断增加 …………… 19
 三、入境旅游市场继续复苏，旅游收入提升显著 …………… 21

**第三章 全国旅行社产业发展现状** ……………………………… 25
 一、2016年全国旅行社产业发展规模 ………………………… 26
 二、2016年全国旅行社区域分布 ……………………………… 28
 三、2016年全国旅行社产业经营绩效 ………………………… 29
 四、2016年全国旅行社产业分项业务 ………………………… 31

## 第四章 旅行服务业的游客消费行为·······41
- 一、游客特征分析·······42
- 二、游客行为分析·······53
- 三、游客消费热点·······65
- 四、游客消费趋势·······68

## 第五章 在线旅游业的发展·······73
- 一、在线旅游总量和渗透率·······74
- 二、在线旅游细分市场·······75
- 三、在线旅游的竞争格局·······76

## 第六章 旅行服务业的创新·······81
- 一、互联网下半场涌现更多创业创新机会·······82
- 二、渠道下沉趋势明显，线上线下持续融合·······84
- 三、大旅游生态圈趋势日益明显·······87
- 四、旅游与互联网深度融合·······90
- 五、创新型旅游金融产业涌现·······91
- 六、旅游服务企业深耕服务价值·······94
- 七、旅游投资领域边界更加模糊·······96

## 第七章 专题研究：旅游服务质量标杆企业经验·······97
- 一、政策背景·······98
- 二、代表性企业和社会影响·······99
- 三、典型经验·······101

# 第一章
## 旅行服务市场运行特征和趋势

2016年以来，我国旅游产业运行总体"较为景气"，景气水平较2015年有所上升，但各季度景气水平呈波动式下降趋势，微观企业景气水平低于宏观产业景气水平，新旧业态景气程度持续分化，旅行社等行业重组加剧。"新格局、新动力、新发展"成为旅游产业发展主题。展望2017年，企业家信心总体保持在较高水平，但传统旅行社行业信心较低。

## 一、2016年旅行产业运行分析

### （一）总体运行

在经济下行压力加大的发展背景下，旅游产业运行和企业经营的各项指标也呈现景气有所下降的趋势，但总体仍然保持在"较为景气"的水平之上，企业家对未来发展信心也保持在较高水平。2016年，旅游产业景气指数分别为130.8、128.8、123.9和133.3，整体高于2015年的景气水平（见图1-1）。

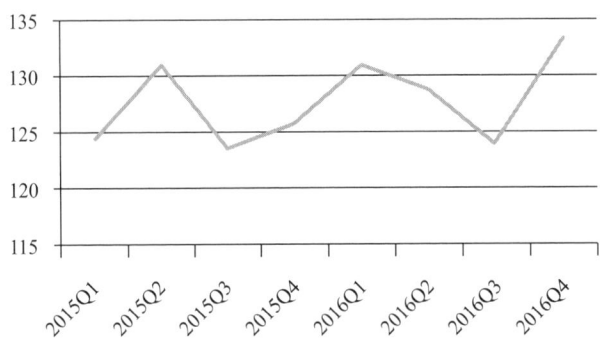

图1-1　2015年第一季度至2016年第四季度旅游产业景气指数

2016年，旅游企业经营也处于"较为景气"水平，与2015年同期景气水平相同，旅游企业经营景气指数分别为130.27、134.8、127.07和131.67（见图1-2）。相对而言，旅游企业经营景气指标高于旅游产业运行。

第一章 旅行服务市场运行特征和趋势
Chapter 1 Operation Characteristics and Trends of Travel Service Market

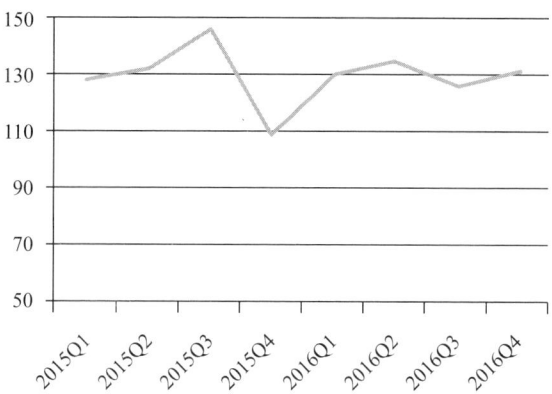

图1-2 2015年第一季度至2016年第四季度旅游企业景气指数

从旅游产业运行相关指标看,2016年,营业成本等企业成本指标的压力仍然较大,压力上升较快。接待人数、价格、利润、营业收入等企业收益指标景气相对较低,其中接待人数景气持续下降(见图1-3)。

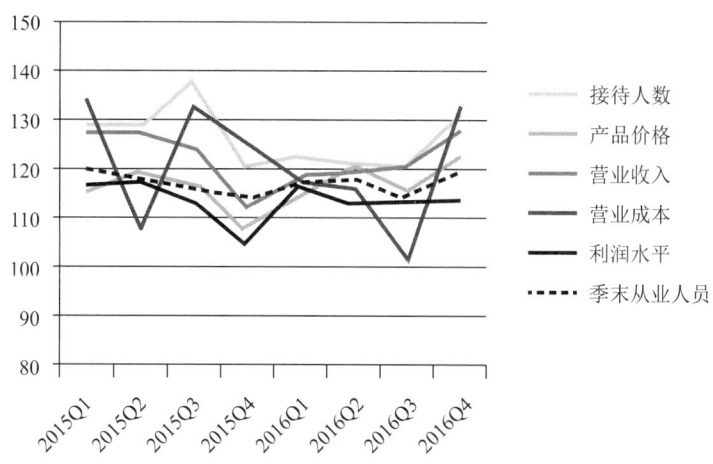

图1-3 2015年第一季度至2016年第四季度旅游经营指标景气指数

(二)旅行服务产业景气

分业态看,2016年的旅游新业态景气水平较高,企业家对行业发展给予较高评价,但传统的饭店业、旅行社业景气则相对较低。旅游服务业的景气水平则仍然保持在较高的水平(见图1-4)。

3

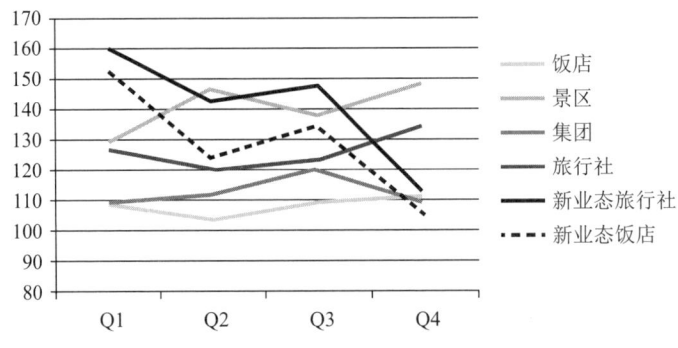

图 1-4　2016 年旅游业态景气指数

全年旅行服务产业在"较为景气"水平上下运行，但景气指数呈现波动式下降趋势，且景气水平低于去年同期（见图 1-5）。

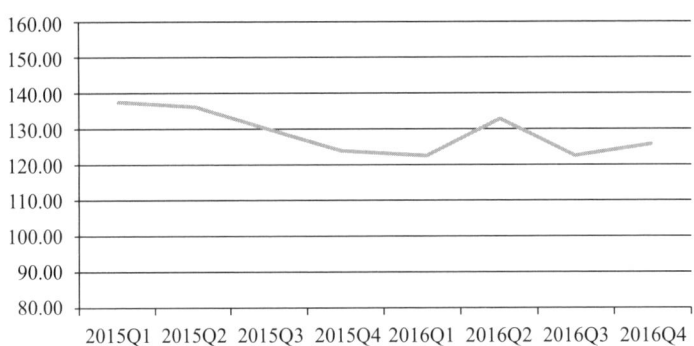

图 1-5　2015 年第一季度至 2016 年第四季度旅行服务业景气指数

全年旅行服务企业经营的景气情况与旅行产业运行相同，但景气水平略低。显示出企业家对"宏观产业面较好，微观企业面较差"的评价（见图 1-6）。

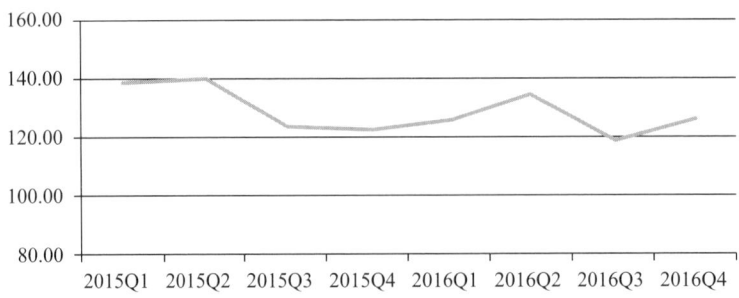

图 1-6　2015 年第一季度至 2016 年第四季度旅行服务企业景气指数

旅行服务业的营业成本压力较大,但有所缓解。与此同时,旅行服务业的利润水平持续较低(见图1-7)。

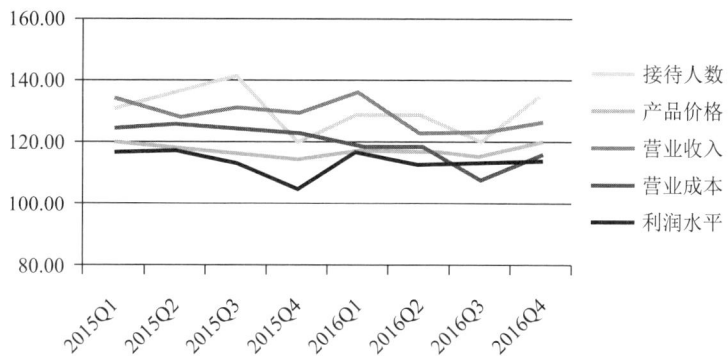

图1-7 2015年第一季度至2016年第四季度旅行服务业经营指标景气指数

## 二、2017年旅行服务产业运行趋势

### (一)总体趋势

2016年企业家对未来旅游产业发展信心、旅游企业经营信心方面的评价仍然保持在"较为景气"的水平之上,尽管从趋势看较去年同期有所下降,但企业家对未来发展信心仍然保持在较高水平(见图1-8)。

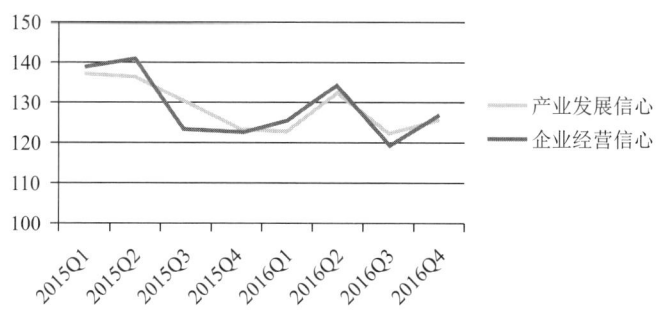

图1-8 2016年第一季度至2016年第四季度旅游发展信心指数

### (二)旅行服务产业运行趋势

从调查数据看,2016年旅行服务业的预订、投资景气水平与去年同期均有所下降,但已经持续回升,第四季度已经回升至"较为景气"水平(见

图1-9）。2016年以来，企业固定资产投资水平呈现下降趋势。从统计数据看，当前，我国经济增速放缓，工业投资和民间投资下行，1—5月，工业投资增长5.4%，民间投资增长3.9%，较去年同期投资增速均出现下滑，经济发展急需新动能。2016年上半年，全国旅游业实际完成投资4211.5亿元，较去年同期增长30.5%。其中，民间投资上半年投资2412.8亿元，同比增长27.1%，低于旅游投资总体增长速度。

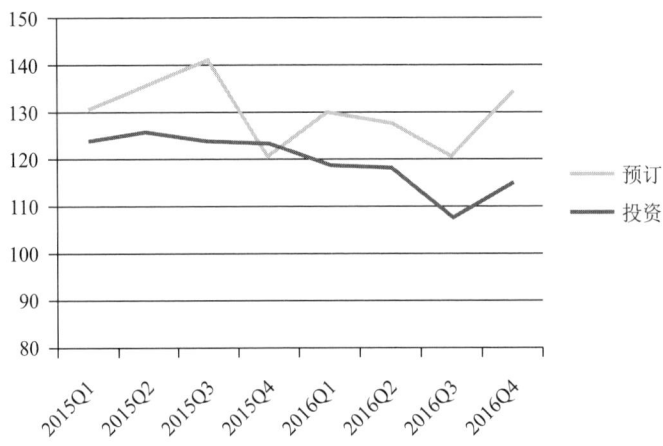

图1-9 2016年第一季度至2016年第四季度旅游预订、投资景气指数

### （三）旅行服务业发展信心有所下降

2016年，旅行服务业的发展信心相对于2015年同期有所下降，特别是企业经营的信心下降较大，第四季度呈现较明显回升（见图1-10）。显示出企业家对"宏观产业面较好，微观企业面较差"前景的评价。

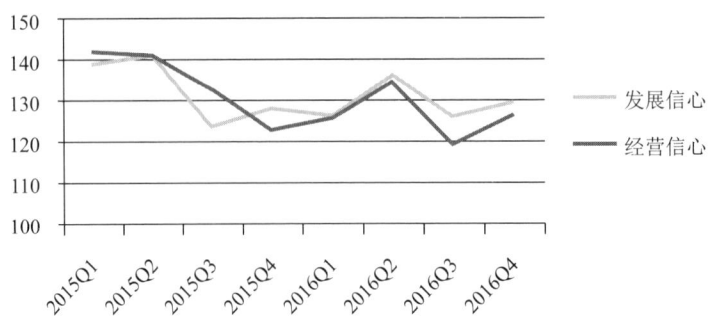

图1-10 2015年第一季度至2016年第四季度旅行服务业发展信心指数

## 三、旅行服务产业发展特点

旅行服务产业运行分析显示，过去一年以来，旅行服务产业在"较为景气"水平运行，但旅行服务企业经营景气水平相对较低，显示出企业家对"宏观产业面较好，微观企业面较差"的评价。同时，旅行服务业的员工工资、营业成本压力较大，但有所缓解。与此同时，旅行服务业的利润水平持续较低。

### （一）旅行服务新业态成为"双创"最活跃的领域之一

从产业结构来看，旅行服务新业态特别是"互联网＋旅游"、分享经济领域已经成为我国创业创新最为活跃的领域之一。线上线下融合、全球供应链整合，旅游产业链进一步优化。携程、同程、众信、途牛等线上线下旅游运营商，通过资本渗透加速垂直一体化、移动化发展。携程联手绿地开拓民宿市场，途牛全面建设海外目的地服务中心，众信战略入股穷游网提升公司产品和服务质量，凯撒旅游发力邮轮业务以及体育板块，整合航旅资源形成全产业布局。旅游与交通、体育文化、休闲娱乐产业融合加深，产业链条进一步优化，现代服务业特征凸显。

### （二）旅游供给侧结构持续深化

过去一年，旅行服务业在资本、技术双重驱动下，行业结构持续演化，旅游综合企业通过资本重组谋求转型升级。港中旅集团与国旅集团战略重组成立中国旅游集团公司、携程与去哪儿网合并等，这一系列兼并、重组事件标志着2016年旅游市场供给侧格局的大融合、大发展。这场创新变革引起业内外高度关注。同程旅游、航空管家等在线旅游企业持续受到国内外风投资本青睐。阿里旅行等以生活服务平台为依托的旅游板块推动在线旅游行业格局不断演化。海航、万达、复星等涉旅企业加速境外资本重组和并购步伐，推进资源战略整合。旅游业供给侧结构性改革进一步深化。

### （三）跨界融合提供新动力

在总体较好的发展环境下，我国旅行服务业企业建设也取得了明显的进展。在旅游集团方面，以港中旅、国旅合并为代表的兼并重组显示旅游产业整合的新格局、新动向。我们也注意到产业出现的新业态，特别是大数据、科技应用、产品创新等方面新业态的发展带来的新动力，例如中国电信、腾讯推出的旅游服务，等等。与此同时，我国旅游企业的海外布局加快，以海航为代表的涉旅企业打造的各种全球旅行服务体系引起国内外广泛关注，我国旅行服务投资的全球化布局更加明显。

当前我国旅行服务产业的创新方向，主要有虚拟现实技术的应用、定制旅游与个人创业、旅游金融、导游自由执业、新兴分享经济平台、旅行大数据统计、数据驱动型企业成长体系和旅游零售等。同时，也需要关注全域旅游带来的新机遇，导游自由执业试点、文明旅游倡议、市场监管强化、"营改增"政策等对旅行服务产业的重要影响。

## 四、发展困境和政策建议

### （一）发展问题

当前，我国大众旅游发展的基本矛盾仍然表现为人民群众日益增长且日渐变化的旅游休闲需求与落后的商业模式之间的矛盾，即相对于消费主体和行政主体，市场主体的发育与成长相对滞后，特别是那些适应旅游市场需求和旅游产业发展规律的新型市场主体发育不足，发挥作用不够。

1. 旅游市场主体发育相对滞后

在观念认识方面，各级政府特别是中西部地区仍然习惯"政府主导"思维和使用"看得见的手"，政府工作与企业实践之间存在"两张皮""两个世界"的现象。旅游企业特别是新型市场主体数据和信息缺乏，没有认识到在当代旅游产业实践中，企业走在最前面的基本事实，没有及时开放旅游产业的边界，让旅游资源作为多元投资主体有效率地利用，让更多市场化的专业机构为游客服务，导致在旅游市场和消费行为的把握方面，特别是基于市场研究的产品研发和项目建设方面，与企业的认识和诉求相去甚远，政府文件、讲话、会议、活动没有得到最大多数市场主体发自内心的理念认同和创新实践。

在实际工作中，不少地方政府在不断地"放大招"，市场宣传、项目开发建设方面的成就大，实实在在的创业创新和商业氛围方面进展较为缓慢。如果再不强调市场的逻辑和商业力量，再按原有的资源导向而非市场导向惯性走下去，很可能会在旅游领域以供给侧改革之名而行供给侧计划之实。

2. 旅游企业竞争力仍然较弱，战略支撑作用不足

今年以来，从上海迪士尼开业到三亚地中海俱乐部开业，业界的普遍关注是"为什么中国的旅游公司至今还无法跟国外的度假村公司竞争？"我国的旅游市场主体真正成为竞争导向的商业机构还有很大的距离。很多时候，旅游发

展面临的问题是"庙容易盖，会念经的和尚不好找"。从实际情况看，A级景区营业收入占旅游总收入比例继续下降，旅游集团20强的国有企业增长较慢，排名普遍下滑。国际竞争和服务品质方面，我国旅游企业在国际高端酒店品牌、全球旅游分销系统、旅游零售和免税店、世界品牌500强等各个领域均没有国际话语权，"中国的市场、外国的企业"现象突出。旅游供给的规模、结构和品质也有不少问题，例如价格战持续不断，成千上万的游客仍然在承受零负团费、强迫购物、消费欺诈之痛。同时，尽管我国已经产生若干营业收入超过千亿元、用户规模数以亿计的旅游企业，但企业对国家战略、产业发展的战略支撑作用尚未得到很好的体现。与"格局""视野""共同体"这样的宏观叙事相比，大多数企业仍然认为只有服务品质、获客能力和分销渠道等微观话题才是"干货"。而商业演化的历史已经并将继续证明，没有格局、视野和情怀的企业，也许会获得一时一地的成功，但终究是走不远的。

3. 社会环境亟待优化，学界研究相对滞后

尽管旅游和旅行服务的创业创新方兴未艾，但是"士农工商，商为末流"的观念，服务业就是伺候人的观念，以及国际眼光和全球视野的缺乏，还在如影随形地影响着市场主体，特别是社会资本主导的市场的发育，影响资本、技术、人才、就业等生产要素向旅游产业流动。"带游客扎店""店小二"等负面形象的代表，也是社会对旅游业的典型偏见。酒店、旅行社、景区等在中国企业的位置也没有得到充分的重视。事实上，一个国家如果不能把卫星发射到天上去，就不是一个强盛的国家；不能把蛟龙号送到海底去，就不是一个有世界影响力的国家；不能够把老百姓幸福地送到游轮上去享受美好的生活，也不是一个让人幸福的国家。当前，学界对旅游企业、市场主体的关注也相对较少。在这个持续演化的大格局中，研究先行、理论指导必须成为学术界的新使命。

**（二）政策建议**

大力培育旅游市场主体，做强做优做大旅游企业，需要各级党委和政府更加重视市场主体的作用，下大力气培育本土的市场主体，更需要以开放的心态引进各种市场主体。

1. 确立"政府主导、企业主力"的新思路，重构政府新时期的领导力

第一，就是处理好旅游领域中政府与市场的关系，适应行政主体、市场主体、消费主体互促互进的新常态，少一些傲慢与偏见，承认市场的力量，让市场主体多发挥作用。在谋划新时期旅游业的转型升级和提质增效时，应当牢牢

树立这样的观点并使之成为我们部署各项工作的指导思想：企业兴，则旅游旺；企业弱，则旅游衰。第二，市场主体的培育与发展离不开各级党委和政府的积极引导。在旅游消费大时代和创新创业大变革面前，我们非得有大视野和大格局不可。政府应以当代旅游发展理论为指导，结合各地实际，对自身在旅游发展中的地位、角色和作用进行再思考和再定位。要更加深入地调研旅游市场和旅游产业，及时回应广大市场主体的合理诉求，定期发布系统、科学、翔实的数据信息。第三，除了旅游行政主管部门之外，调动各级党委、政府、人大、政协和社会团体积极性，共同推动旅游市场主体的发展进程。

2. 优化商业环境，发展商业共同体

政府旅游主管部门应率先贯彻市场化、开放与共享的准则，在旅游项目开发、投资运营、宣传促销等方面以市场主体为主。旅游业需要充满生机和活力的市场主体，既要有大项目、大投资，也要有小微型企业的创业创新。鼓励并创造条件吸引年轻人到旅游领域来创业创新，推动企业家群体和职业经理人阶层的发育，便利旅游投资的人才、技术和资本要素的自由流动。同时，旅游目的地要充分挖掘市民生活资源，特别是商业环境的支撑体系。对于供给结构性过剩的传统旅游企业，鼓励它们加大创新研发的同时，多去满足本地市民的休闲需求；对于供给结构性不足的新型市场主体，关于借用日渐完善的商业环境，允许更多面向本地人休闲玩乐的企业为游客提供灵活多样的产品和服务。在此基础上，鼓励发展大众旅游时代的商业共同体，包括但不限于以金融资本、产业资本与风险资本为代表的投资者，以旅行服务、旅游住宿、旅游景区与主题公园为代表的运营商，以租车、金融、保险、通信、餐饮、文化娱乐、康体、养老为代表的居民生活服务商，等等。

3. 围绕当代旅游发展战略，服务游客，进一步做强做优做大旅游企业

推动广大旅游企业从传统向现代转型，以商业逻辑理性、商业模式创新重构了旅游产业的价值与尊严。与所有旅游商业共同体一道，继续为国民旅游权利的普及和旅游福祉的提升而努力，与时俱进地完善开放共享时代的市场逻辑和大众旅游时代的商业伦理。加强旅游企业的统计和市场主体分析，设立旅游企业促进专职部门，加快旅游协会的市场化建设进程，发布旅游企业发展报告，定期召开旅游企业工作会议。

# 第二章
## 旅行服务市场的规模和结构

2016年全年，全域旅游推动旅游经济实现了较快增长，大众旅游时代的市场基础更加厚实，产业投资和创新更加活跃，经济社会效应更加明显，旅游业成为"稳增长、调结构、惠民生"的重要力量：国内旅游44.4亿人次，比上年同期增长11%；入出境旅游2.6亿人次，增长3.9%；全年实现旅游总收入4.69万亿元，增长13.6%。

## 一、国民旅游需求持续释放

### （一）国内旅游需求持续高速释放潜能

2016年是"十三五"的开局之年，我国旅游经济总体呈现强劲增长态势，大众旅游时代的市场基础更加厚实，产业投资和创新更加活跃，经济社会效应更加明显，旅游业成为"稳增长、调结构、惠民生"的重要力量。2016年全年，全域旅游推动旅游经济实现了较快增长，中国国内旅游达到44.4亿人次，比上年同期增长11%；全年实现旅游总收入4.69万亿元，增长13.6%（见图2-1）。国内旅游市场作为我国旅游业三大市场主体之一，持续平稳发展，国内旅游需求仍然是我国旅游市场的主要增长点。

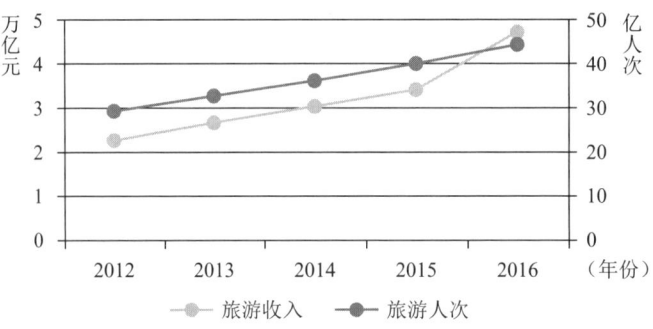

图2-1　2012—2016年国内旅游收入和旅游人次

数据来源：历年《中国旅游统计年鉴》及其副本，中华人民共和国国家旅游局官网。

根据国内旅游抽样调查结果，2016年全年，国内旅游人数44.4亿人次，比上年同期增长11%。其中，城镇居民31.95亿人次，增长14.03%；农村居民12.4亿人次，增长4.38%（见图2-2）。国内旅游收入3.94万亿元，增长15.19%。其中城镇居民花费3.22万亿元，增长16.77%；农村居民花费0.71万亿元，增长8.56%。

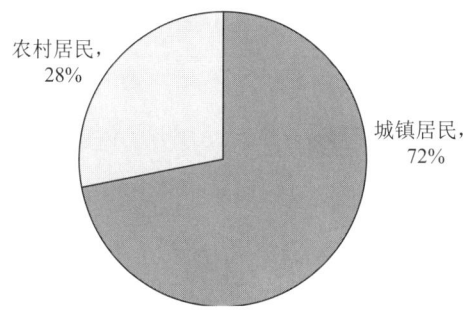

图2-2　2016国内旅游人数城镇和农村居民占比

从市场层面来看，2016年旅游需求增长旺盛，亲子游、养生游、自驾游、周边游、都市休闲等旅游形态成为越来越多百姓日常生活的组成部分，市场发展持续繁荣。其中，根据同程旅游发布的《2016我国亲子游市场认知度及消费行为调查报告》中，表明大众越来越重视亲子游，而亲子游的目标群体对高端旅游产品的需求较大，亲子游市场在未来会呈现高速增长。

2004年以来，春节长假和国庆长假这两个假期的接待游客逐年上升。除个别年份外，两个长假接待游客数量、旅游收入呈稳步上升态势。2016年春节长假期间，全国共接待游客3.02亿人次，同比增长15.6%；实现旅游收入3651亿元，按可比口径增长16.3%。2016年国庆长假期间，全国共接待游客5.93亿人次，同比增长12.8%；实现旅游收入4822亿元，增长14.4%。

**（二）旅游人均花费稳定上涨**

国内旅游人均花费在近几年一直保持稳定上涨的态势，尤其是2016年，国内旅游人均消费达到1056.31元，与2015年比，增长23.54%，涨幅较大（见图2-3）。

人均花费增长率方面，可以看出这几年的增长率变化呈"V"字形（见图2-4），说明这五年国内旅游人均花费虽然呈增长态势，但涨幅变化比较大，从2012年到2015，涨幅变化平缓且一直处于下降趋势，2016年有了显著上升。

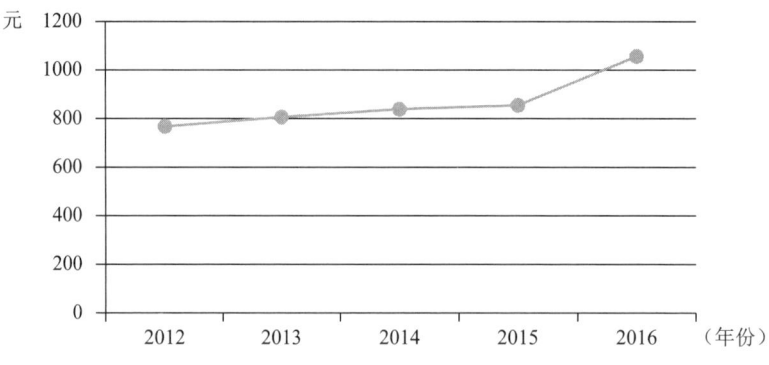

图 2-3　2012—2016 年国内旅游人均消费情况

数据来源：历年《中国旅游统计年鉴》及其副本，中华人民共和国国家旅游局官网。

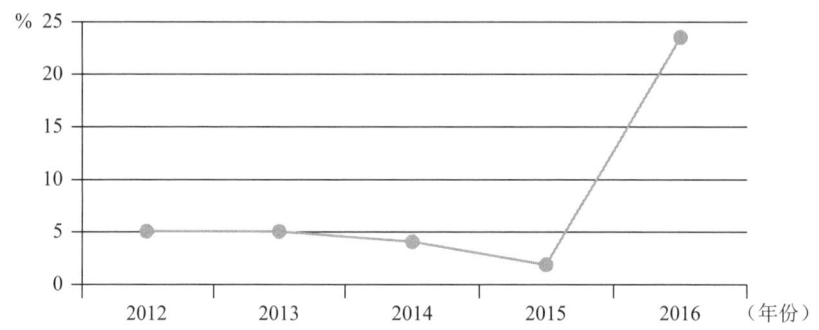

图 2-4　2012—2016 年国内旅游人均旅游花费增长率情况

数据来源：历年《中国旅游统计年鉴》及其副本，中华人民共和国国家旅游局官网。

### （三）度假休闲和观光游依然占据大半市场

根据 2016 年国内居民出游意愿调查结果来看，居民出游呈现出明显的偏好差异。从出游目的来看，度假休闲（52.57%）和观光（50.80%）构成了我国居民主要的出游目的（见图 2-5）；出游时间方面，出游高峰集中在五一、清明、端午以及春节、国庆长假期间；在各类景区中，自然风景区（42.92%）最受游客青睐，其次是名胜古迹/国家公园类景区（22.92%），二者合计占 65.84%（见图 2-6）。

游客消费需求呈现出由单纯的观光游向休闲度假类型逐渐过渡，两者已初步显现出并重的态势。中国旅游产业正处在从单一的观光旅游向休闲度假旅游转变，从单一的观光消费向多元的体验消费转变，可以说是产业转型升级的关键时期，因此也需要制定品牌化发展规划，将业态创新、项目创新、产品创新和品牌创新有机结合起来，构筑可持续的发展体系。休闲度假旅游是经济社会发展、文明程度提高的必然趋势，从旅游需求的层次来说，经过30多年的发展，我国旅游已至大众化旅游中高级阶段，居民休闲需求觉醒，致使我国旅游沿着由旅游到休闲的发展路径，不断向日常休闲回归，追求差异化游憩环境不再是旅游的目的，逐渐成为休闲的手段。

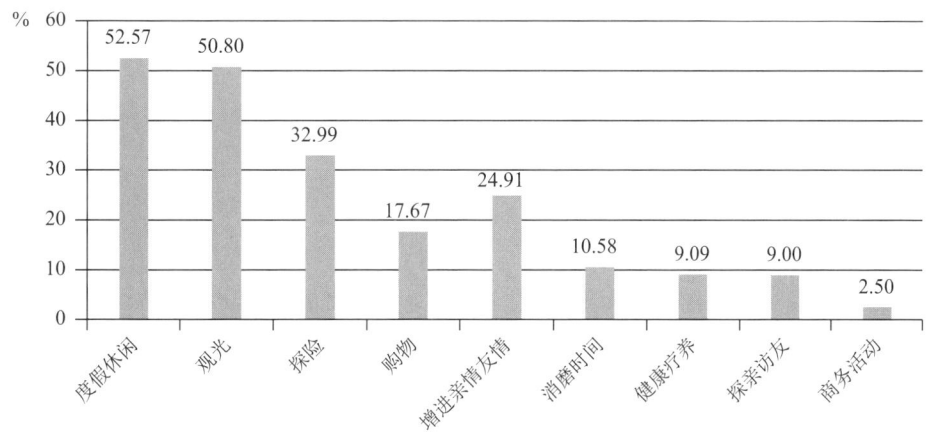

图 2-5　2016 年居民出游目的

数据来源：《中国旅游经济蓝皮书——2016 年中国旅游经济运行分析与 2017 年发展预测》。

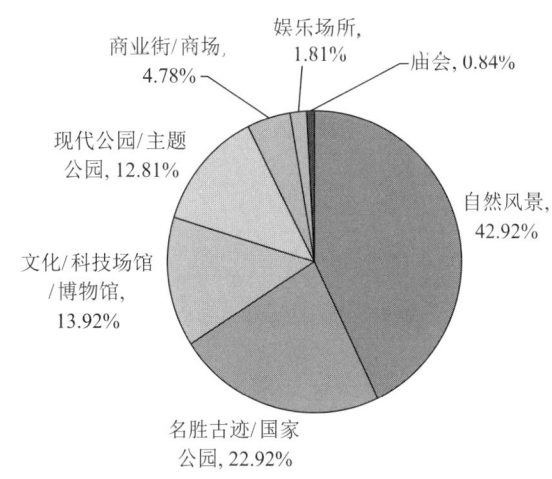

图 2-6　2016 年游客景点类型选择情况

数据来源：《中国旅游经济蓝皮书——2016 年中国旅游经济运行分析与 2017 年发展预测》。

### （四）旅行社组团旅游比例继续下降，自由行逐渐成为常态化旅行方式

互联网进入千家万户后，解决了旅游市场中信息不对称的问题，尤其是随着在线旅游业态逐渐走向成熟、交通条件改善和旅游公共服务水平提升，国内旅游者依赖旅行社出游的人数大大缩水，散客旅游者比重超过96%。2010年以来的旅游抽样调查资料数据表明，我国国内旅游人数持续大幅增长，其中旅行社组织的旅游人数增幅缩窄甚至出现负增长，旅行社组织国内游客占比不断下滑。

从全国来看，根据国家旅游局发布的旅行社业调查公报，2012—2016年，国内旅游人数大幅增长，但旅行社组织的旅游人次增幅不大。这5年旅行社组织的游客人数分别是1.44亿人次、1.29亿人次、1.31亿人次、1.35亿人次和1.55亿人次（见图2-7）。近5年，旅行社组织的国内游客占比分别是4.85%、3.94%、3.63%、3.38%和3.49%（见图2-8）。

随着中国游客群体呈现出年轻化的特点，以及信息技术的升级、旅游消费的升级和在线产品的丰富，使得旅游市场散客化、自由行趋势更加明显。自由行将是未来的主要出游方式，产品预订将更加多元化。

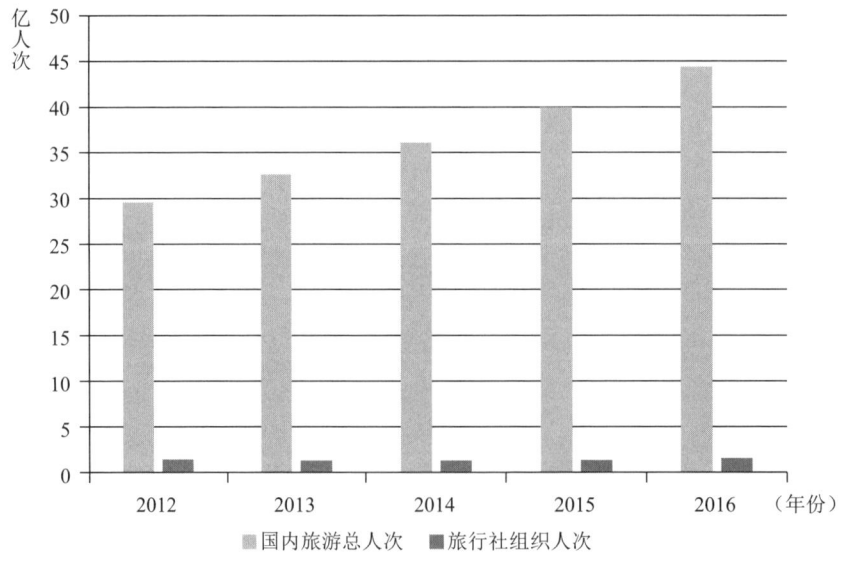

图2-7 2012—2016年国内旅游总人次及旅行社组织人次情况

数据来源：历年《中国旅游统计年鉴》及其副本，中华人民共和国国家旅游局官网。

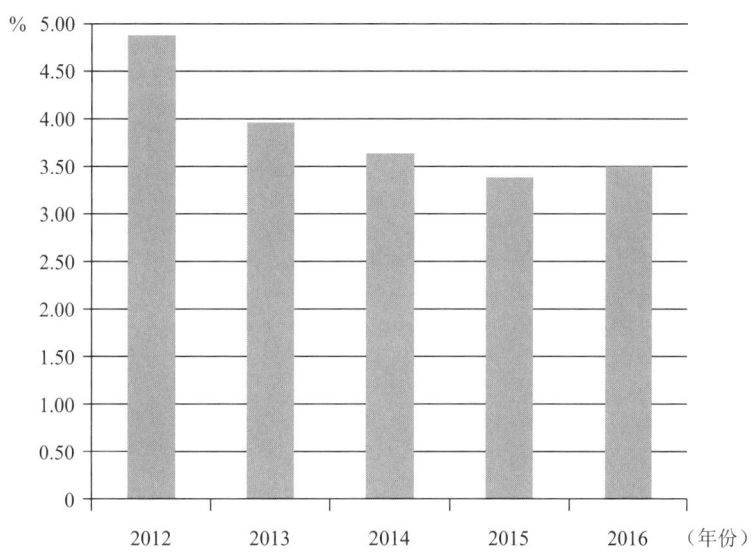

图2-8 2012—2016年旅行社组织国内旅游人次占国内旅游总人次比例情况

数据来源：历年《中国旅游统计年鉴》及其副本，中华人民共和国国家旅游局官网。

## （五）近郊乡村旅游继续升温，国民休闲常态不断深入

2016年以来，旅游消费热潮不断，形成了暑期修学游和亲子游、周末周边游、小长假短程游、国庆中长假中远程旅游等市场热点。国内旅游消费表现抢眼，消费结构进一步升级。

根据中国旅游研究院开展的大陆居民出游意愿调查，2016年我国居民出游意愿较2015年有所提高，总体上保持在80%左右。其中，第二季度居民出游意愿为82.74%，较上年同期上升2.46%。第三季度居民出游意愿为83.02%，较上年同期上升1.17%。第四季度居民出游意愿为79.27%，较上年同期略有上升（见图2-9）。预计2017年，随着引导境外旅游消费需求回流相关政策的调整、实施，居民旅游需求将进一步释放，居民出游意愿将继续保持较高水平。

出游地点方面，大多数居民倾向于选择国内跨省市旅游（43.99%），其次是国内近郊游（34.62%），选择中国港澳台旅游占27.61%，选择出国旅游的游客超过1/3（见图2-10）。

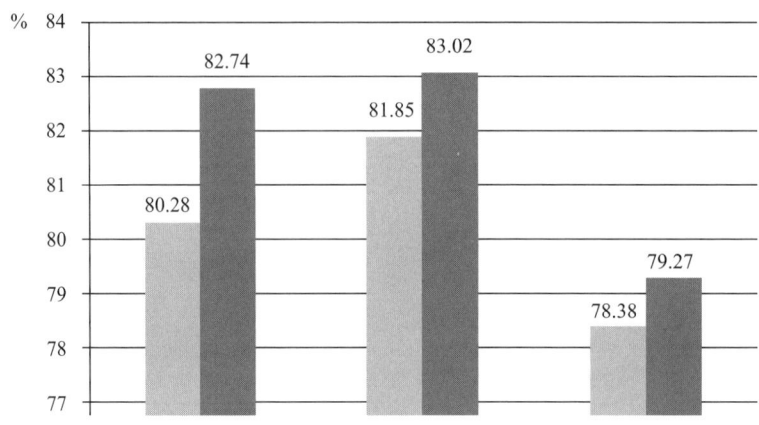

图 2-9　2015—2016 年国内居民旅游意愿情况

数据来源：《中国旅游经济蓝皮书——2016 年中国旅游经济运行分析与 2017 年发展预测》。

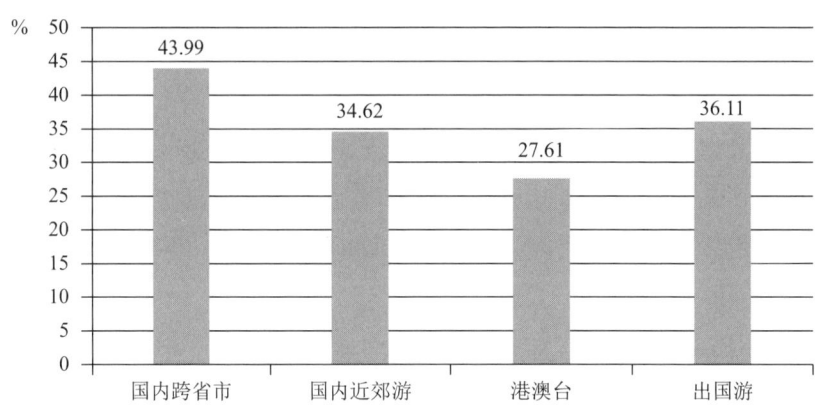

图 2-10　2016 年国内游客旅游地点选择情况

数据来源：《中国旅游经济蓝皮书——2016 年中国旅游经济运行分析与 2017 年发展预测》。

**（六）中高端旅游市场初见成熟，"私人定制"成为热点**

随着旅游次数的增多和经济水平的提高，一些高端游客希望能够花最少的精力得到最符合自己个性需求的行程，不少旅游公司也看准了这一部分客户的需求，着眼于高端私人定制旅游。

私人定制旅游精确细分了目标人群、兴趣及需求，设计以客户体验价值为中心导向的产品来满足客户个性化的需求。根据相关研究显示，过去几年全球的旅游需求维持强劲的势头，特别是高端旅游板块。

自由行时代的到来使得传统旅游企业纷纷转换思想，迎合市场需要。通过海量数据挖掘来匹配用户出游需求，以制定满足用户个性化和深度化的产品和服务成为行业内的创新模式。

## 二、出境市场规模继续扩大，旅游花费不断增加

### （一）出境旅游市场继续维持增长态势，国民出境消费水平不断提升

2016年，在收入增长和旅游消费升级推动，以及签证、航班等便利因素影响下，我国出境旅游热依然持续，出境旅游人数达1.22亿人次，比2015年的1.17亿人次增长4.3%，继续蝉联全球出境旅游人次世界冠军（见图2-11）。2016年1—9月，虽然我国出境游目的地总体上依然保持稳定，但是变化明显。近程目的地表现最突出的是东南亚和东北亚地区，增幅惊人。前往柬埔寨的游客增长了61.2%，前往马来西亚、菲律宾、越南和韩国的游客增幅均在40%以上。2015年表现突出的泰国、日本也有20%以上的增幅。在远程市场方面，澳大利亚、新西兰、俄罗斯、美国、德国等目的地增幅均超过10%。与这些目的地大幅增长相对应的是，有些传统旅游目的地表现低迷。前往我国香港和台湾地区的人数大幅下降，分别下降了8%和6.5%。受恐怖袭击等因素影响，前往法国的人数也下降了16.1%。

我国已经成为泰国、日本、韩国、越南、俄罗斯、马尔代夫、英国等多个国家的第一大入境旅游客源地。但每年只有不到全国人口10%的人参与出境游，拥有出境证件的国人只占总人口的10%，出境游发展依然潜力无穷。

中国已成为全球第一大出境旅游客源市场、第一大出境旅游消费国及第一大留学生输出国，境外消费需求日益旺盛。2016年，中国游客在境外消费金额达2611亿美元，同比增长21.44%（见图2-12）。从在线旅游者的花费看，国人越来越热衷出境游。从携程旅游度假产品的统计看，2016年，超过65%的花费是出境游，35%是国内游。2016年我国网络旅游消费最高纪录是携程旗下鸿鹄逸游推出的"环游世界80天"旅游团，人均消费138万元。

中国游客被称为"移动的钱包"，去哪些国家旅游花费最多？报告根据携程出境游订单数据，发布了2016年我国游客花费总额最多的十大出境目的地国家，依次是：泰国、日本、韩国、美国、马尔代夫、印度尼西亚、新加坡、

澳大利亚、意大利、马来西亚。距离我国最近的泰国、日本、韩国成为最大的赢家。

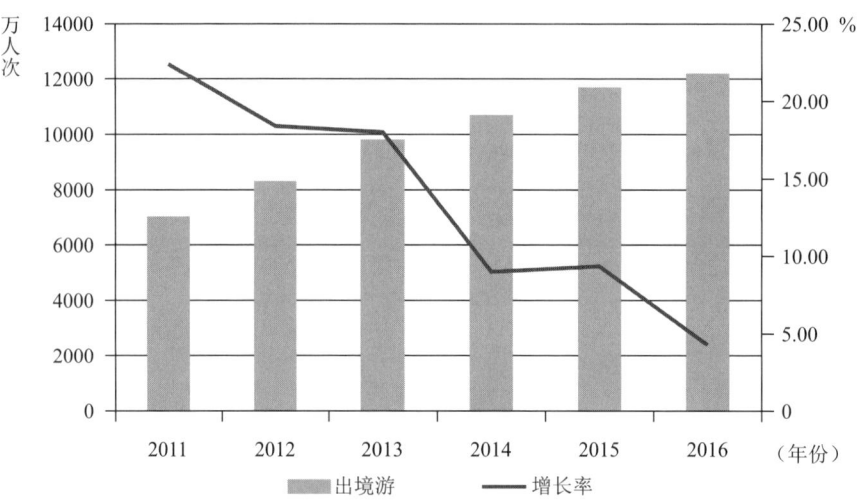

图 2-11　2011—2016 年我国出境旅游人数及增长率

数据来源：历年《中国旅游统计年鉴》及其副本，中华人民共和国国家旅游局官网。

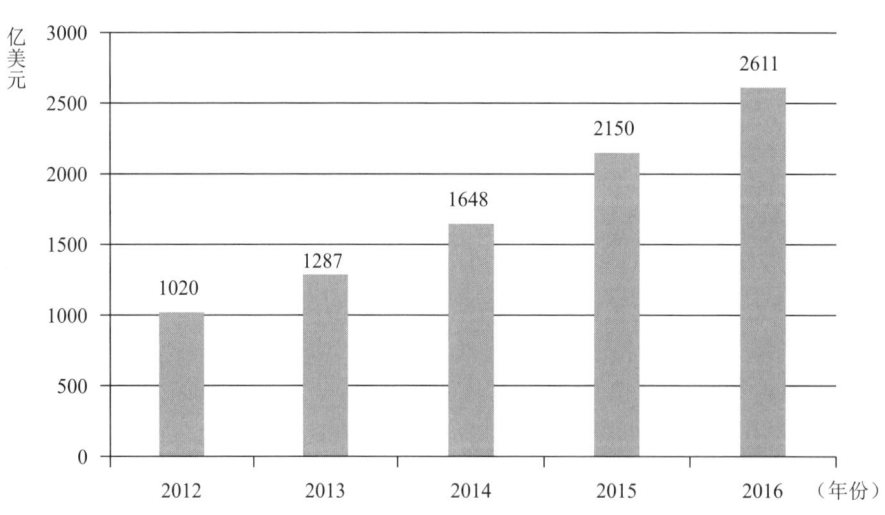

图 2-12　2012—2016 年我国出境旅游消费总额

数据来源：历年《中国旅游统计年鉴》及其副本，《中国旅游经济蓝皮书——2016 年中国旅游经济运行分析与 2017 年发展预测》，中华人民共和国国家旅游局官网。

### （二）出境自由行比例上升，游客逐渐重视对目的地的深度探索

数据分析认为，2016年全国旅行社组织的出境旅游人数预计超过5000万人次，以跟团旅游为主。在1.22亿人次出境游客中，占比达40%。出境自由行规模超过7000万人次，占六成。我国游客依然热衷跟团游，特别在是二三四线城市和地区。但出境自由行是大势所趋。以携程组织的数百万出境游客为例，跟团与自由行约各占一半。跟团游客中选择半自助游、私家团也成为趋势，旅游者可以自由选择航班、酒店，大部分行程都由旅行社安排妥当，又有足够的自由时间可以泡酒店、逛当地市场。

互联网成为推动我国出境旅游的重要力量，"携程在手，说走就走"，在线旅游网站和手机客户端成为我国游客查询、预订的重要渠道。数据显示，2016年，携程通过跟团游、自由行、邮轮、当地玩乐、微领队等度假产品与业务，服务超过1500万人次的出境游客。

2016出境旅行者越来越青睐那些新的旅游产品形态——通过定制旅行体验一次宫崎骏《幽灵公主》的屋久岛徒步、看海龟产卵的特别旅行；花一两万报名日本医疗体检旅游来一次全面的防癌检查。数据显示，通过携程预订海外定制旅行、主题旅游、海外门票玩乐产品的人数分别增长了400%、250%和100%。2016年出境游客的旅程变得更丰富、更便捷。

## 三、入境旅游市场继续复苏，旅游收入提升显著

### （一）入境旅游市场缓慢复苏，商务旅游是重要推动力之一

我国的入境旅游在经历过2015的曙光复苏之后，2016年，入境旅游人数1.38亿人次，比上年同期增长3.5%。其中：外国人2814.2万人次，增长8.3%；香港同胞8106万人次，增长2.0%；澳门同胞2350万人次，增长2.7%；台湾同胞573万人次，增长4.2%。入境旅游人数按照入境方式分，船舶占3.4%，飞机占16.4%，火车占0.8%，汽车占21.9%，徒步占57.5%。 2016全年，入境过夜旅游人数5927万人次，比上年同期增长4.2%。其中：外国人2165万人次，增长6.7%；香港同胞2772万人次，增长2.3%；澳门同胞481万人次，增长3.1%；台湾同胞509万人次，增长5.0%（见图2-13至图2-15）。

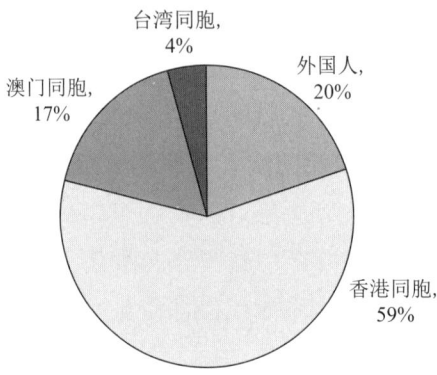

图 2-13　2016 年入境旅游人数外国人和港澳台同胞占比

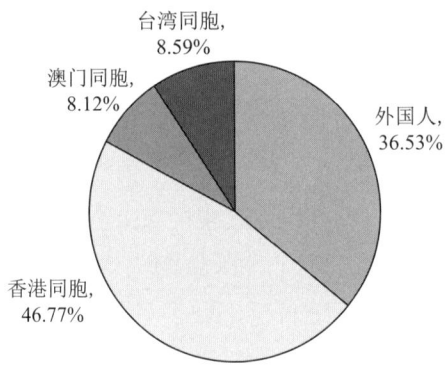

图 2-14　2016 年入境过夜旅游人数外国人和港澳台同胞占比

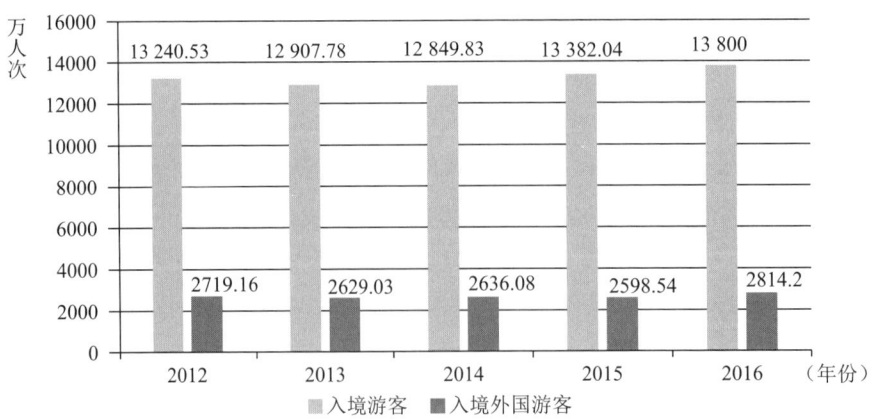

图 2-15　2012—2016 年我国入境游客人次和入境外国游客人次

数据来源：历年《中国旅游统计年鉴》。

国家旅游局数据中心公布的数据显示，2016年，以商务为目的的入境外国人数达517.81万人次，占总人数的18.40%（见图2-16）。与2015年相比，下降了2.29%，但商务旅游一直都是入境旅游市场的重要推动力之一。

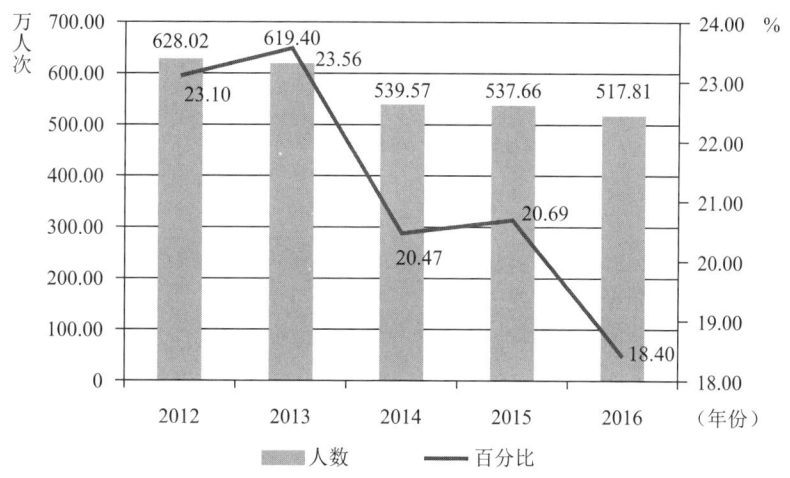

图2-16　2012—2016年我国入境商务外国游客人数和占总人数比重

数据来源：历年《中国旅游统计年鉴》及其副本，中华人民共和国国家旅游局官网。

《2016中国入境旅游发展年度报告》显示，入境游客的消费水平依然偏低，但是消费评价较好。入境游客人均消费呈现典型的正态分布特征，中间大，两头小。超过60%的入境游客消费集中在1001~5000美元，另有14.82%的入境游客消费5001~10 000美元，有14.03%的入境游客消费不足500美元，消费超过5000美元的有9.38%。

从消费项目来看，22.88%的游客表示旅游交通是其最大的消费项目，其次是购物消费，占总消费支出的20.94%。从入境游客的消费评价来看，入境游客对各方面的评价都较好。无论目的地总体形象、城市建设、城市管理、公共行业服务还是窗口服务，游客对其评价均值基本皆在8分以上。但各部分也有各自的短板，如城市建设中的空气质量，公共行业服务中的手机信号覆盖、互联网覆盖，窗口服务中的交通、餐饮服务，其得分分别为8.17、8.28、8.36、8.17、8.30，均低于平均水平。

（二）入境旅游收入增加，对国民经济的推动作用逐渐显现

2016全年，国际旅游收入1200亿美元，比上年同期增长5.6%，增速虽然

放缓，但已呈现出稳步增长的新态势。其中：外国人在华花费668亿美元，增长10.3%；香港同胞在内地花费305亿美元，增长2.3%；澳门同胞在内地花费76亿美元，增长3.1%；台湾同胞在大陆花费150亿美元，增长5.0%。

（三）重要的入境旅游客源地

2016全年，入境外国游客人数3148万人次，亚洲占67.5%，美洲占10.7%，欧洲占17.3%，大洋洲占2.6%，非洲占1.9%，其他国家占0.0%（见图2-18）。其中：按照年龄分，14岁以下人数占3.6%，15~24岁占9.6%，25~44岁占46.8%，45~64岁占34.3%，65岁以上占5.7%；按性别分，男性占63.0%，女性占37.0%；按目的分，会议/商务占18.4%，观光休闲占33.4%，探亲访友占3.1%，服务员工占15.0%，其他占30.1%。2016年全年，按入境旅游人数排序，我国主要客源市场前17位国家依次是：韩国、越南、日本、缅甸、美国、俄罗斯、蒙古、马来西亚、菲律宾、新加坡、印度、泰国、加拿大、澳大利亚、印度尼西亚、德国、英国。

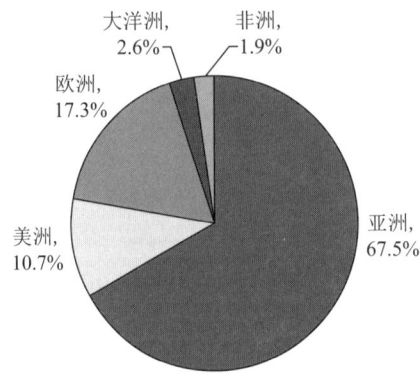

图2-18 2016年中国大陆主要客源国的结构状况

数据来源：中华人民共和国国家旅游局官网。

# 第三章
## 全国旅行社产业发展现状

## 一、2016年全国旅行社产业发展规模

2016年,全国旅行社总数为28 097家,同比增长1.72%,增速放缓。从各省(直辖市、自治区)的增长情况看,北京、山西、河南等11个省份旅行社数量减少,减幅最大的北京为10.31%;其余省份旅行社数量都有不同程度的增长,增幅最大的两个地区为贵州和云南,分别增长16.67%和13.19%(见图3-1)。

2016年,全国旅行社总量虽然持续增长,但增长率较2015年开始下降。主要原因有2016年国家旅游局掀起了旅游市场秩序整治风暴,重拳出击惩戒旅游违法违规行为,疏堵结合健全长效管控机制。2016年全国共查处违法违规案件1324起,行政处罚819家旅行社,其中吊销61家旅行社经营许可证,责令停业整顿、没收违法所得并处罚款旅行社65家,责令改正并处罚款旅行社693家。从长远的角度看,这些整治措施是必要的,有利于旅游业后续健康发展。

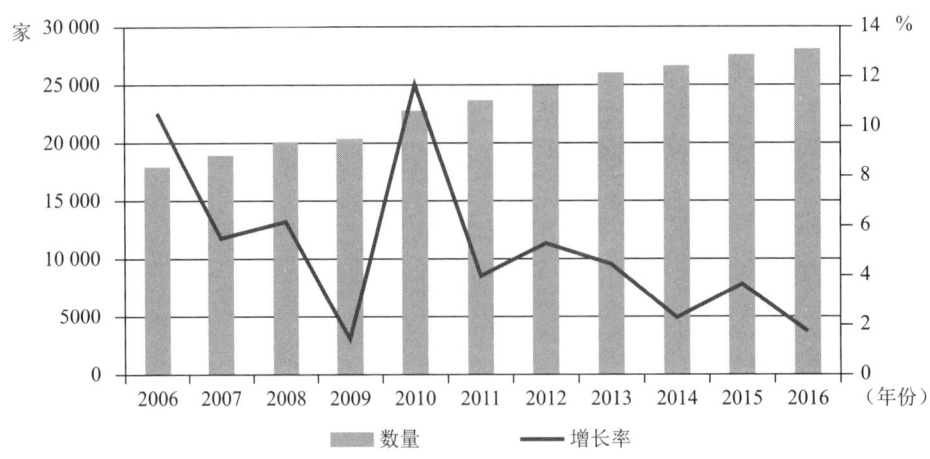

图3-1 2006—2016年全国旅行社数量

全国旅行社在经历过一个资产总额快速增长的时期后,增长率开始下降,2012年旅行社资产总额增长率为18.05%,2013年为23.85%,2014年为

24.35%，而 2015 年为 3.87%（见图 3-2）。这意味着旅游领域尤其是旅行社投资市场逐渐进入饱和状态，增长逐步放缓，新的格局逐渐形成。

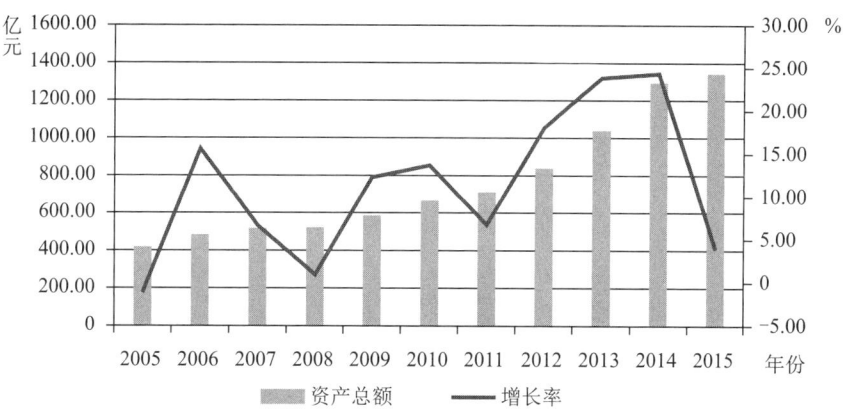

图 3-2　2005—2015 年全国旅行社资产总额

随着国内旅游经济的稳步发展，旅游就业人员稳步增加。截至 2015 年，全国旅行社直接从业人员 334 030 人，同比减少 2.13%。其中大专以上学历 244 112 人，同比增长 0.30%（见图 3-3）。基于旅游需求市场的不断变迁，传统旅行社行业持续转型升级，越来越多接受过高等教育和专业培训的人才进入到旅行社行业中来。自 2010 年以来，拥有大专以上学历的旅游从业人员数量占从业人员总数的比重不断攀升，从 2010 年的 61.63% 到 2015 年的 73.08%，增幅超过 10%（见图 3-4）。

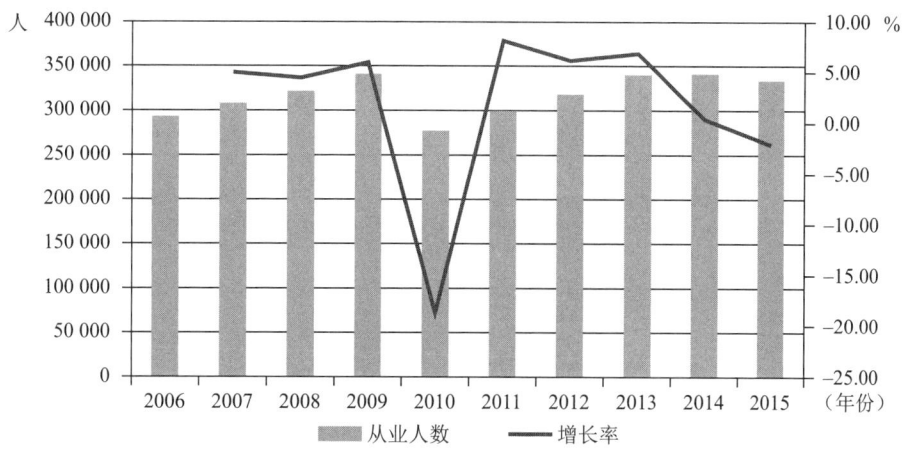

图 3-3　2006—2015 年全国旅行社直接从业人员总数

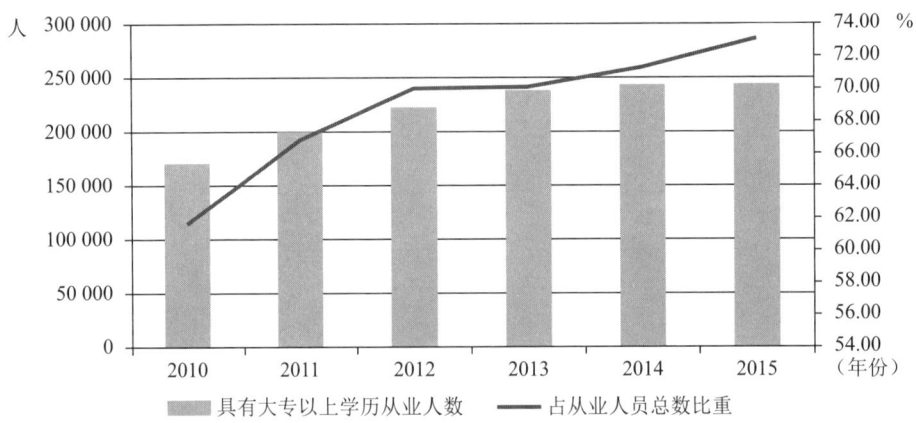

图 3-4　2010—2015 年全国旅行社具有大专以上学历从业人员总数

## 二、2016 年全国旅行社区域分布

截至 2016 年第四季度，全国旅行社总数为 28 097 家，同比增长 1.72%。江苏、山东、浙江 3 个省份旅行社数量超过 2000 家，数量最多的江苏为 2262 家；有 10 个省份旅行社数量少于 500 家，数量最少的新疆兵团为 114 家（见图 3-6）。

2016 年旅行社数量排名前十位的省份依次为江苏（2262）、山东（2138）、浙江（2105）、广东（1982）、河北（1388）、上海（1299）、辽宁（1265）、北京（1253）、安徽（1084）、湖北（1072），上述省份旅行社数量占全国旅行社总量的 56.4%，与 2015 年基本持平。

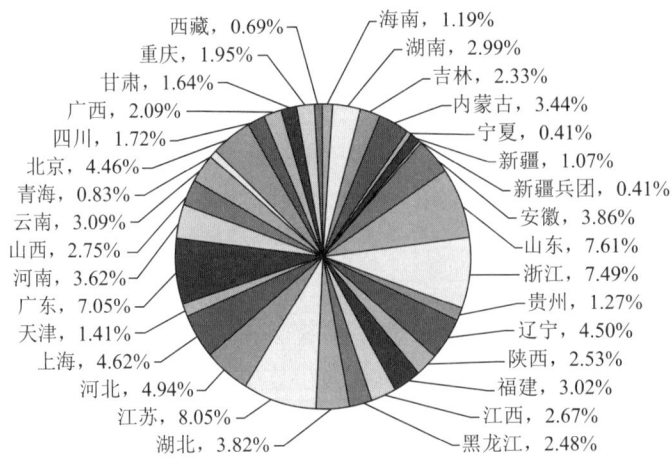

图 3-5　2016 年全国分地区旅行社数量分布情况

# 第三章 全国旅行社产业发展现状
Chapter 3 Development Status of National Travel Agency Industry

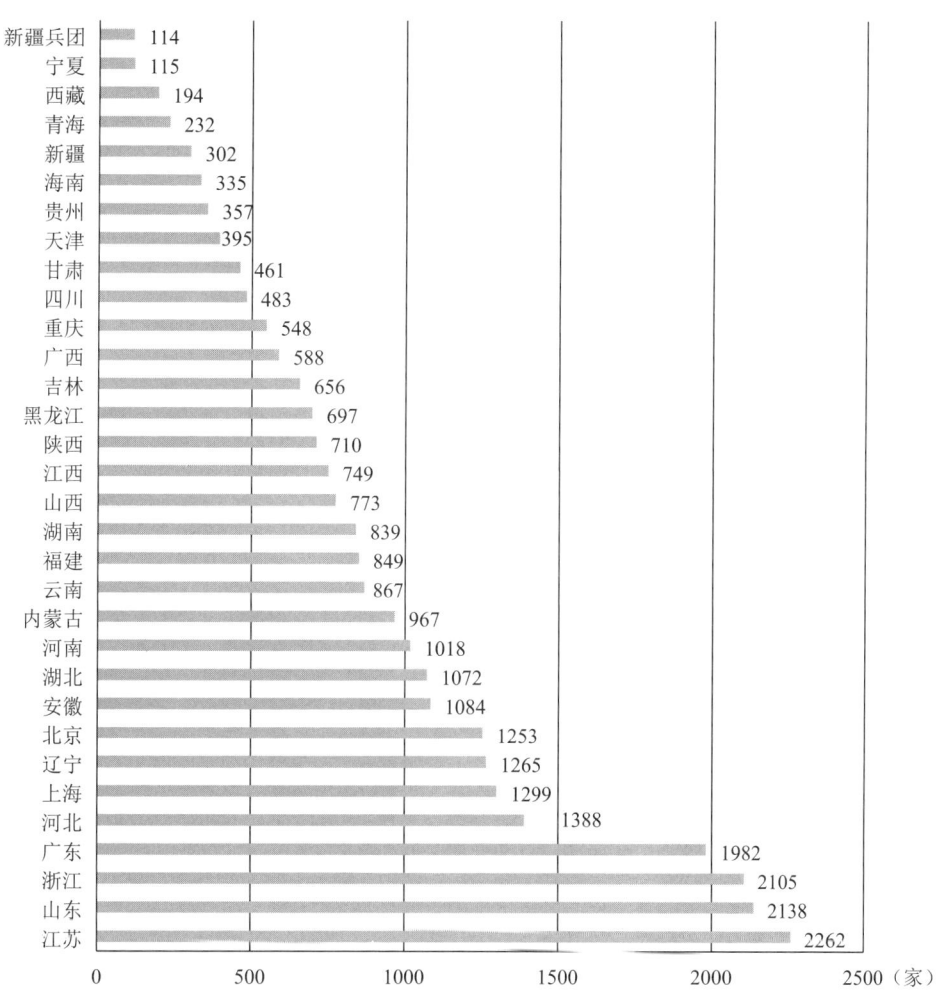

图 3-6 2016 年全国分地区旅行社数量

## 三、2016 年全国旅行社产业经营绩效

近年来,传统旅行社业务不断被新兴产业侵蚀,旅行社的外延经历着被动扩充的历史阶段。2015 年 3 月 5 日,李克强总理在政府工作报告中正式提出"互联网+"计划,将互联网概念推向了一个新高度,旅游业乘势而起,借力互联网,不断改写传统旅游格局。为适应内外环境的变化以及受创新创业政策扶持,传统旅行社业在发展理念、组织模式上也在不断尝试创新。这一系列的变化迅速颠覆传统旅游业的格局,有利于持续推动传统产业的转型升级。从 2013 年开始,

全国旅行社旅游业务营业收入总额增长率逐年攀升，2015年增幅超过10%（见图3-7）。

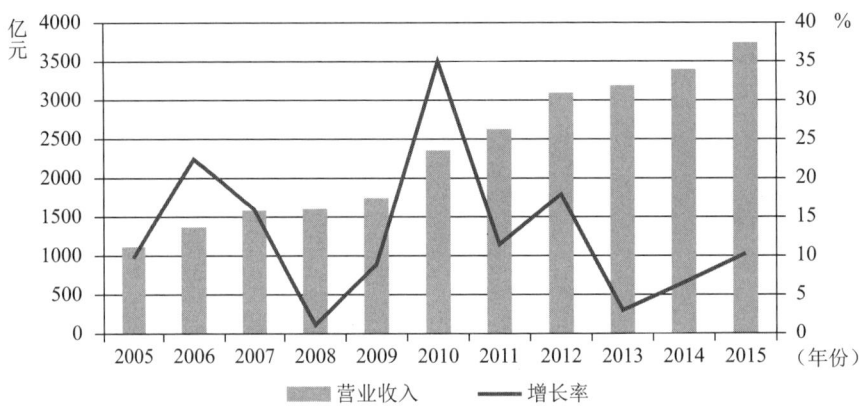

图3-7　2005—2015年全国旅行社旅游业务营业收入总额

线上旅游的崛起，以及旅游产品同质化严重、负面新闻频发、旅游体验差等因素使得传统旅行社的常规产品早已进入薄利时代。前些年旅游业进入门槛低、成本上升、竞争压力大以及缺少创新又进一步压缩了旅行社行业的利润空间。2012年以来，全国旅行社旅游业务的毛利润呈现新一轮下降趋势，2014年增速又创新低。2015年，利好政策的实施以及旅行社自身观念的转变、产品的创新、行业的转型升级，使得全国旅行社旅游业务毛利润增长率实现大幅度回升，呈现出良好的发展势头（见图3-8）。

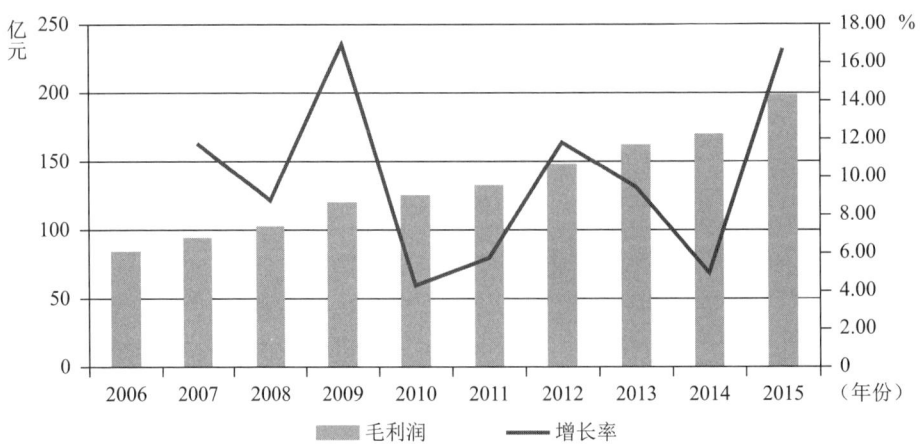

图3-8　2006—2015年全国旅行社旅游业务毛利润总额

旅行社营业收入的高低与上缴税金的数量息息相关，除非税收政策发生较大变化，历年全国旅行社上缴税金的数量和增长率的波动趋势与全国旅行社营业收入的波动趋势相一致。2015年旅行社旅游业务营业外收入数量和增长率都上升了，实缴税金总额增长率却下降了，这是由于2015年生活服务业开始实行营改增的税收政策，使得应缴税费减少（见图3-9）。

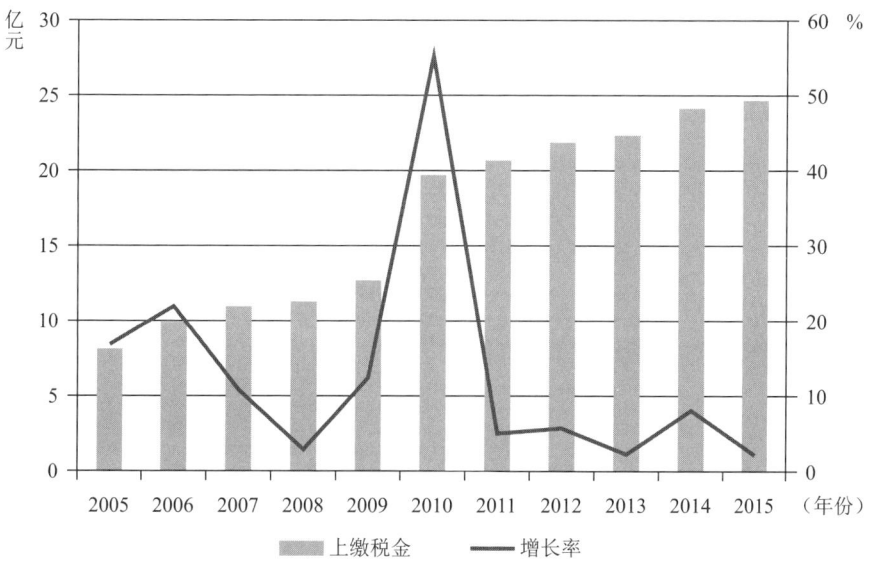

图3-9　2005—2015年全国旅行社实缴税金总额

## 四、2016年全国旅行社产业分项业务

### （一）国内旅游业务

在中国经济稳步发展的大背景下，普通百姓的收入不断增长，中国人外出旅游的热情持续高涨。2016年，亲子游、暑期修学游、田园乡村游、节庆游和深度体验游等成为新的旅游消费热潮，游客旅游需求向多元化转变以及重视旅游体验。2016年全国旅行社组织国内旅游15 528.20万人次，48 466.84万人天，接待国内旅游16 961.74万人次，52 795.59万人天，同比分别增长13.54%、11.17%、10.60%、39.40%（见图3-10至图3-13）。

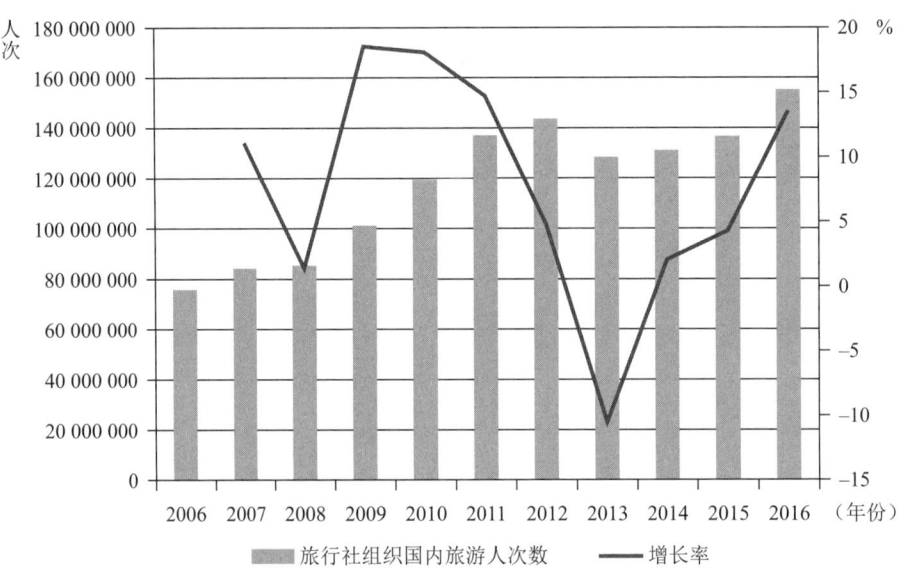

图 3-10　2006—2016 年全国旅行社组织国内旅游人次数及增长率

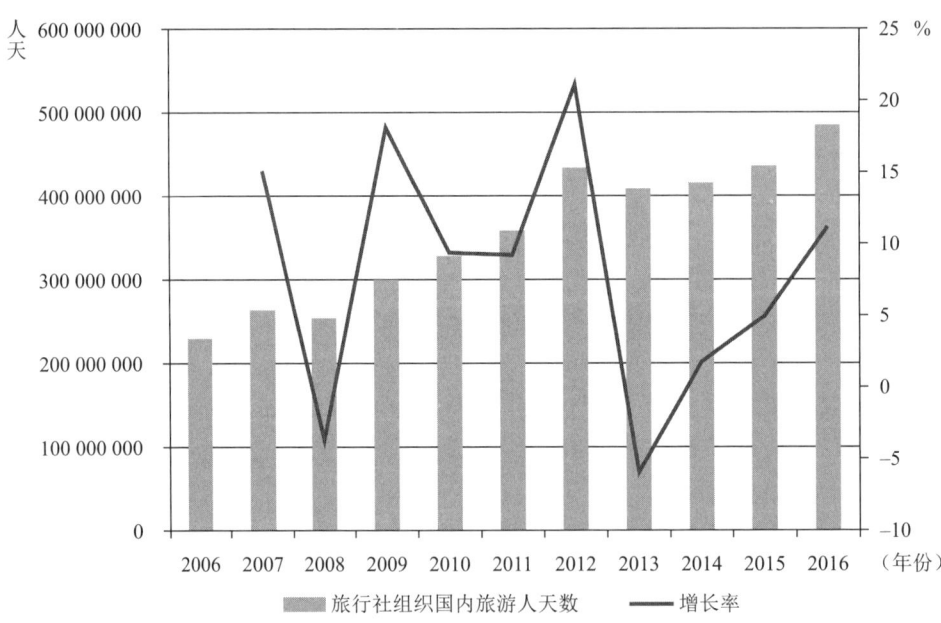

图 3-11　2006—2016 年全国旅行社组织国内旅游人天数及增长率

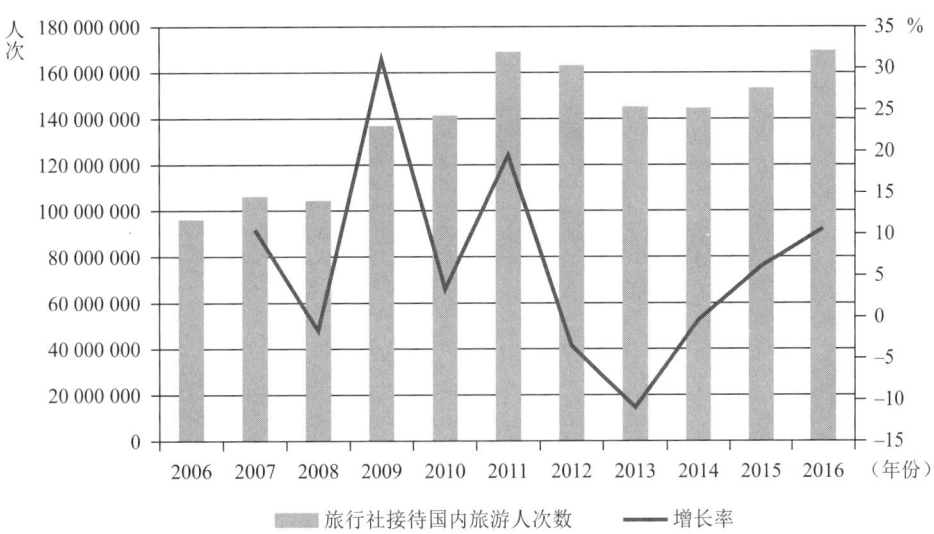

图3-12　2006—2016年全国旅行社接待国内旅游人次及增长率

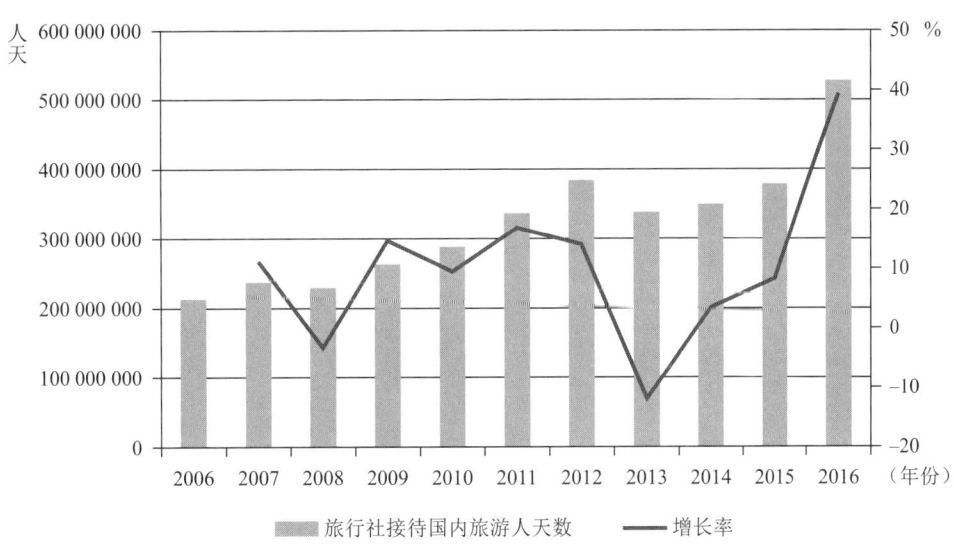

图3-13　2006—2016年全国旅行社接待国内旅游人天数及增长率

2016年旅行社组织国内旅游人次排名前十位的地区由高到低依次为广东、江苏、浙江、上海、山东、重庆、湖北、福建、辽宁、湖南（见图3-14）。从组织国内旅游人次的排名来看，经济发达的东南沿海省份依然是主要市场，收入越高的地区旅游人次越多、消费越高。

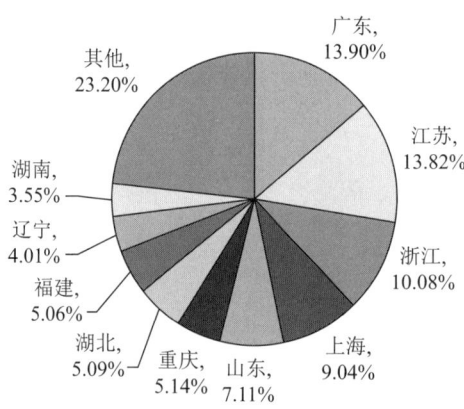

图3-14　2016年旅行社组织国内旅游人次排名前十位的地区情况

2016年旅行社接待国内旅游人次排名前十位的省市依次为江苏、浙江、广东、河北、福建、湖北、山东、云南、上海、湖南（见图3-15）。从国内旅游接待人次排名来看，江苏、浙江、广东等经济发达省份不仅是出游的主力，同时也是旅游接待的主力，占据了前三甲的位置。云南作为旅游资源富集的省份排名第八。

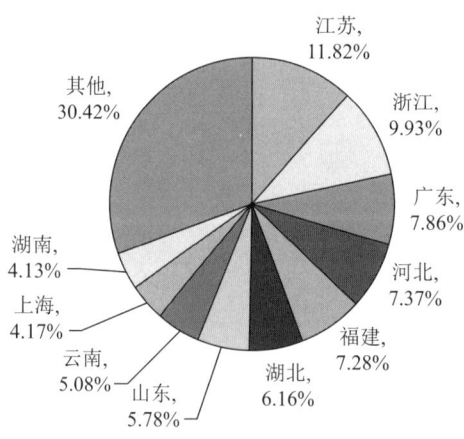

图3-15　2016年旅行社接待国内旅游人次排名前十位的地区情况

### （二）出境旅游业务

2016年全国旅行社组织出境旅游5656.65万人次、30 547.04万人天，分别同比增长21.82%、21.92%（见图3-16、图3-17）。2014年以来，虽然相对来说我国出境游增速放缓，但仍为旅游行业增速最快的细分领域之一。中国签证含金量越来越高,更多的国家和地区对中国游客实行免签政策;国际交通更加便利,新的航线和铁路都在不断开发之中;支付宝、微信支付的国际化使得中国游客走出国门消费变得更加便利;此外,生活观念的转变、放松身心缓解压力的需要以及旅游目的地到位的宣传和服务都吸引着越来越多的中国游客有了更加丰富的选择。

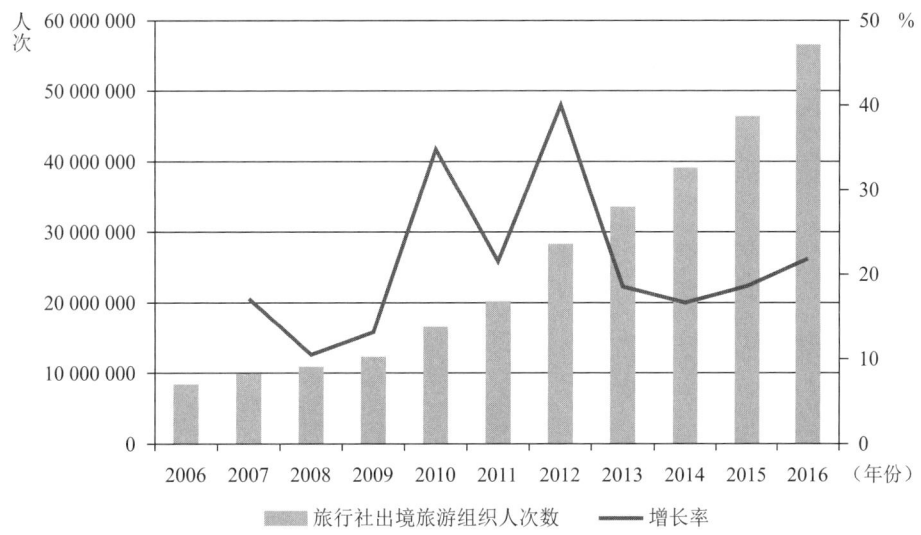

图 3-16　2006—2016 年全国旅行社组织出境旅游人次数及增长率

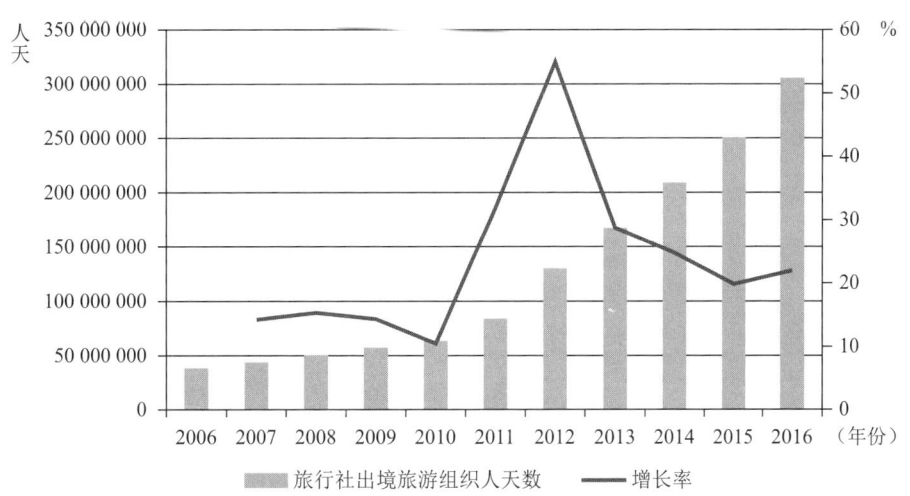

图 3-17　2006—2016 年全国旅行社组织出境旅游人天数及增长率

2016年旅行社组织出境旅游人次排名前十位的目的地国家和地区依次为泰国、韩国、日本、中国香港地区、中国澳门地区、中国台湾地区、越南、新加坡、马来西亚、印度尼西亚（见图3-18）。2016年短途出境保持了更为强劲的增长。虽然在2016年下半年泰国因为国王去世，部分景点关闭，但泰国依旧稳居旅行社组织出境旅游人次排名的榜首位置，而且在2016年12月，泰国对中国实行短期免签政策，使得游客进一步增多。中国香港地区由于反水客力度加大以及政治等原因，旅行社组织出境旅游人次占比下降，从2015年的第二位滑到2016年的第四位。

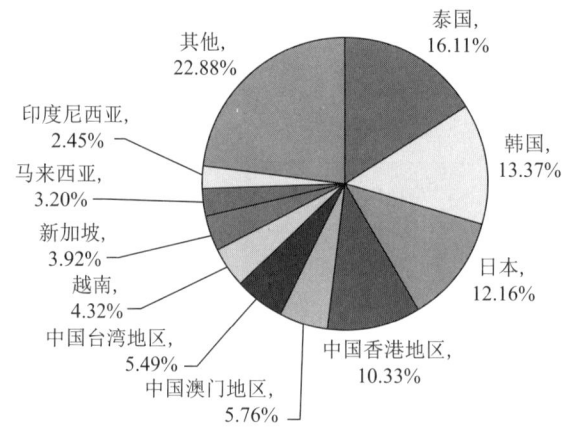

图3-18 2016年旅行社组织出境旅游人次排名前十位的目的地国家和地区情况

### （三）入境旅游业务

2016年全国旅行社接待接待入境1938.76万人次、6694.55万人天，分别同比减少2.02%和增加2.45%，其中，外联入境旅游1439.56万人次、5985.76万人天，分别同比增长1.64%、减少0.62%（见图3-19至图3-22）。

由于我国旅游业起步晚，与主要客源国距离较远，同时国际上关于我国食品安全问题、国民素质问题、消费欺诈问题的负面消息不断，我国入境游一直处于低迷状态。近几年，在"一带一路"倡议的推动下，中国在国际上的话语权不断增强，地位随之升高，受到越来越多的关注。随着国内旅游业的转型升级，国内旅游企业针对入境游市场推出更多的体验式服务，受到了越来越多外国游客的欢迎，也让外国游客能够更好地了解中国，我国入境游正在走出低谷，呈现出良好的发展势头。

第三章　全国旅行社产业发展现状
Chapter 3  Development Status of National Travel Agency Industry

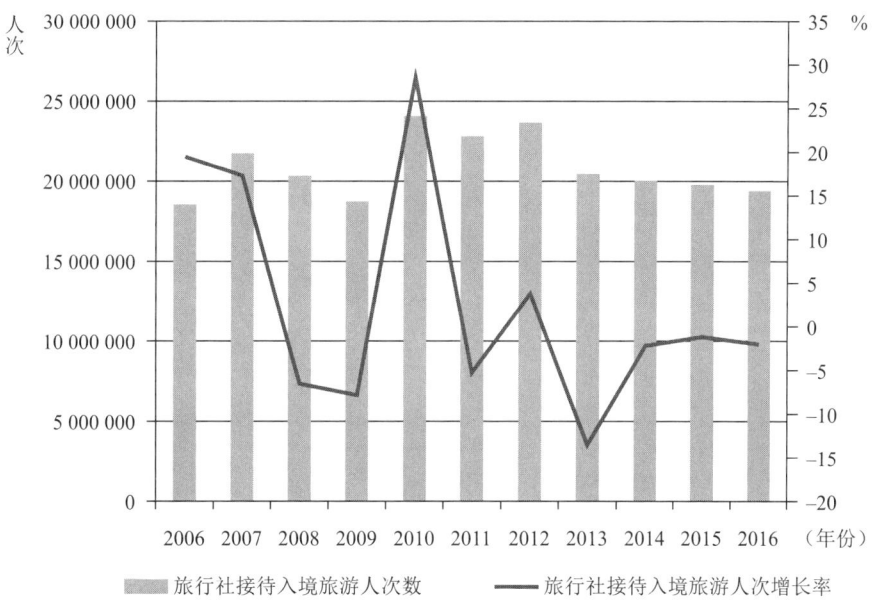

图 3-19　2006—2016 年全国旅行社接待入境旅游人次数及增长率

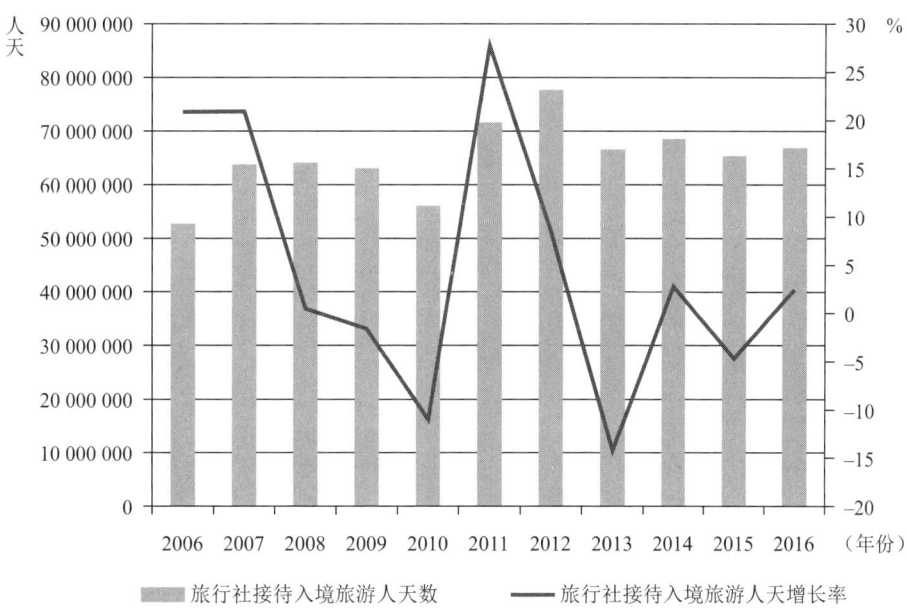

图 3-20　2006—2016 年全国旅行社接待入境旅游人天数及增长率

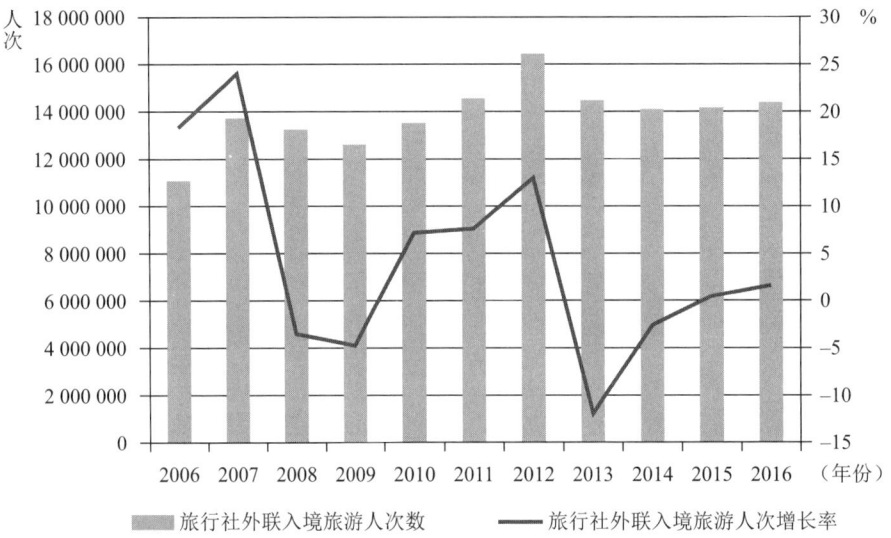

图3-21 2006—2016年全国旅行社外联入境旅游人次数及增长率

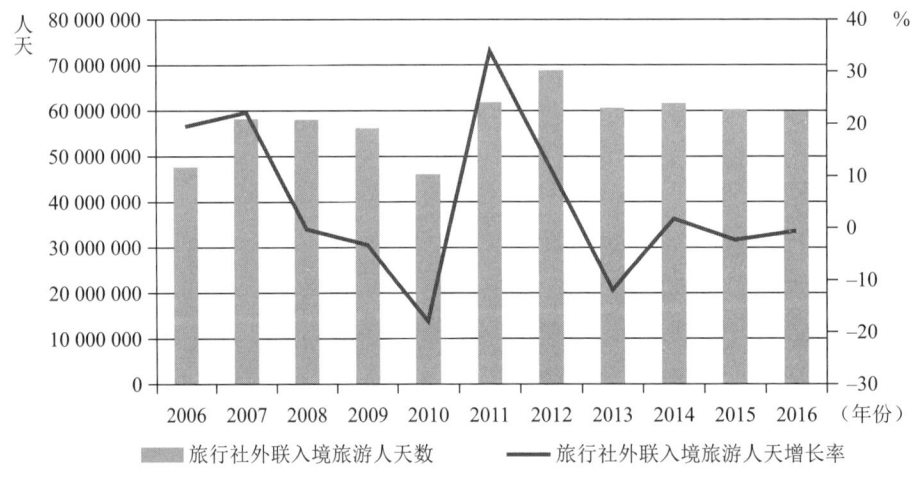

图3-22 2006—2016年全国旅行社外联入境旅游人天数及增长率

2016年,我国旅行社外联入境旅游的客源地国家和地区格局相对稳定,前四位相较2015年都没有变化。2015—2016年我国和韩国共同举办"中韩旅游年",效果显著,进一步促进中韩旅游的发展,也使得我国入境游客中的韩国游客不断增多,2016年韩国位居旅行社外联入境旅游人次排名的第二位;受经济低迷、卢布贬值等因素影响,俄罗斯依旧位列榜尾(见图3-23)。

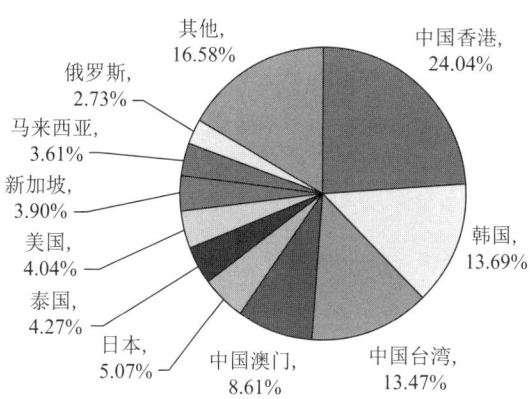

图 3-23　2016 年度外联入境旅游人次排名前十位的客源地国家或地区情况

2016 年旅行社接待入境旅游人次排名前十位的客源地国家和地区依次为中国香港、韩国、中国台湾、中国澳门、美国、日本、马来西亚、泰国、新加坡、俄罗斯（见图 3-24）。2016 年，旅行社接待入境旅游人次排名韩国上升一个位次，超越中国台湾跃居第二，俄罗斯下滑至榜尾。

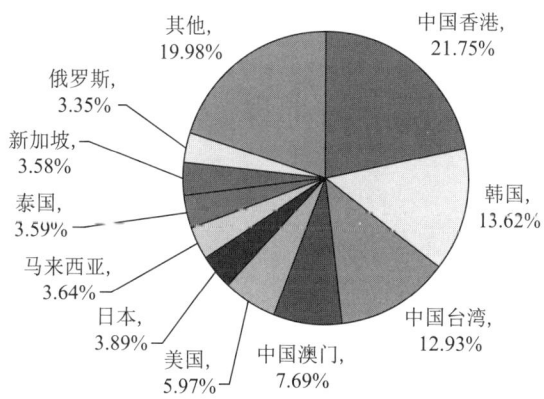

图 3-24　2016 年接待入境旅游人次排名前十位的客源地国家或地区情况

### （四）分项情况比较

1. 2016 年三大市场人次数比较

以入境旅游外联人次、国内旅游组织人次、出境旅游组织人次三项指标数据进行比较，2016 年全国旅行社入境旅游、国内旅游、出境旅游所占份额分别为 6%、69%、25%（见图 3-25），分别同比减少 1 个百分点、持平、增长1个百分点。

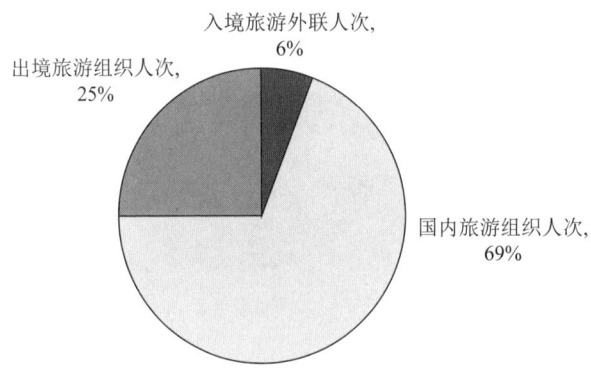

图 3-25　2016 年三大旅游市场人次情况比较

2. 2016 年三大市场人天数比较

以入境旅游外联人天、国内旅游组织人天、出境旅游组织人天三项指标数据进行比较，2016 年度全国旅行社入境旅游、国内旅游、出境旅游所占份额分别为 7.04%、57.02%、35.94%（见图 3-26），分别同比减少 1 个百分点、减少 1 个百分点、增长 2 个百分点。

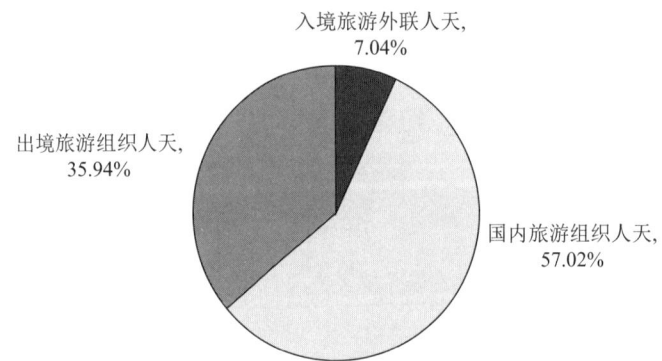

图 3-26　2016 年三大旅游市场人天情况比较

# 第四章
## 旅行服务业的游客消费行为

# 一、游客特征分析

## （一）游客地域分布结构

2016年，国内团队游客的地域分布与国内散客相比，比较均衡。从出行距离看，在50公里以内，国内散客出行的比例明显高于团队的比例。其他距离段，团队出行和散客出行比例差别相对不大。

从国内团队出行看，2016年游客出行距离在51~150公里以及151~300公里以内的人数最多，分别占比为24.29%和22.72%；其次是301~500公里，占比是15.45%；再次50公里以内，占比为12.89%；所占比例最少的出行距离是501~1000公里，占比为10.36%（见表4-1、图4-1）。与国内团队相比，国内散客在50公里以内的近距离出游中占比高出11.60个百分点；在151~300公里距离段，国内散客的比例低出4.91个百分点，其他距离段则二者差别相对不大。与2015年比，国内团队出行距离在各个距离段变化都不大，上下浮动在3个百分点左右。

表4-1　2015年、2016年国内游客出行距离占比情况

| 时间<br>比例<br>距离 | 2015年 | | 2016年 | |
| --- | --- | --- | --- | --- |
| | 国内团队（%） | 国内散客（%） | 国内团队（%） | 国内散客（%） |
| 50公里以内 | 10.53 | 25.55 | 12.89 | 24.49 |
| 51~150公里 | 21.2 | 20.3 | 24.29 | 23.75 |
| 151~300公里 | 21.28 | 15.65 | 22.72 | 17.81 |
| 301~500公里 | 16.5 | 12.5 | 15.45 | 12.53 |
| 501~1000公里 | 11.75 | 8.43 | 10.36 | 8.24 |
| 1001公里以上 | 13.35 | 12.33 | 10.51 | 9.42 |
| 其他 | 5.39 | 5.24 | 3.79 | 3.76 |

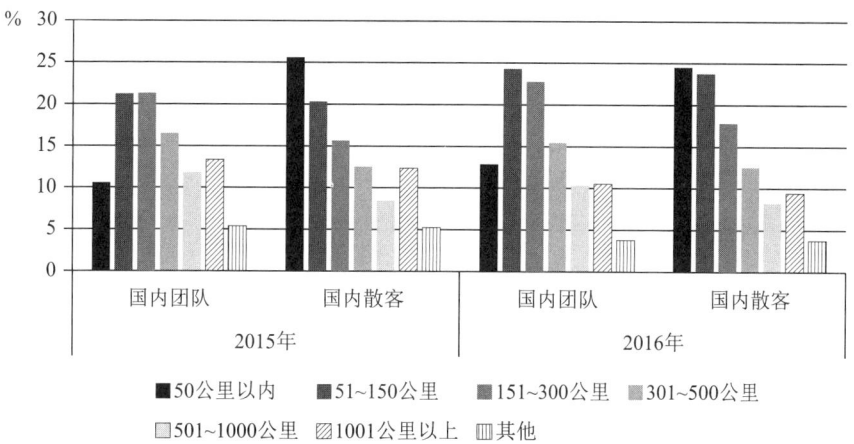

图 4-1 2015 年、2016 年国内游客出行距离分布

总体上看，游客出游主要集中在 300 公里以内的中短距离的目的地，大部分位于游客常住地的省（市）内或相邻省（市）的非居住地。对于 1001 公里以上的远距离旅游，虽然 2016 年的国内团队占比低于 2015 年，但是其在整体上一直保持着 10% 左右的比例，这些远距离旅游的目的地大部分与游客常住地的环境差别较大，这也是大部分游客选择这种距离段旅游的主要动机之一。

从入境团队来看，游客主要来自美国、非洲、韩国、中国香港、马来西亚、中国澳门、新加坡、中国台湾、加拿大、泰国、澳大利亚、日本、英国、法国等客源地。2016 年入境团队游客最多的前六位国家分别是：美国、非洲、韩国、中国香港、马来西亚、中国澳门，占比分别是：10.29%、10.10%、8.32%、7.85%、7.15%、4.40%，累计占比达到 48.11%；入境客源地中占比相对较小的是印度尼西亚、西班牙、朝鲜和哈萨克斯坦，占比分别为：0.89%、0.86%、0.74%、0.37%（见表 4-2）。

表 4-2　2016 年入境游客客源地占比情况

| 客源地 | 占比（%） | 客源地 | 占比（%） |
| --- | --- | --- | --- |
| 美国 | 10.29 | 法国 | 2.99 |
| 非洲 | 10.10 | 菲律宾 | 2.34 |
| 韩国 | 8.32 | 德国 | 2.09 |
| 中国香港 | 7.85 | 俄罗斯 | 2.06 |

续表

| 客源地 | 占比（%） | 客源地 | 占比（%） |
|---|---|---|---|
| 马来西亚 | 7.15 | 新西兰 | 1.76 |
| 中国澳门 | 4.40 | 印度 | 1.66 |
| 新加坡 | 4.37 | 蒙古 | 1.29 |
| 中国台湾 | 4.34 | 瑞典 | 1.17 |
| 加拿大 | 4.10 | 荷兰 | 1.05 |
| 泰国 | 3.97 | 意大利 | 1.02 |
| 澳大利亚 | 3.91 | 印度尼西亚 | 0.89 |
| 日本 | 3.82 | 西班牙 | 0.86 |
| 其他国家或地区 | 3.60 | 朝鲜 | 0.74 |
| 英国 | 3.48 | 哈萨克斯坦 | 0.37 |

### （二）出游目的

游览/观光、休闲/度假依然是国内参团游客和散客的主要出游目的。参团游客中，目的是游览/观光的游客比例要比休闲/度假高出18.01个百分点。

从国内团队来看（见表4-3、图4-2），2016年以游览/观光、休闲/度假为出游目的的旅游所占比例较大，分别占56.10%和38.09%，二者较2015年都有小幅度上升。其次是探亲访友、商务（出境中是商务会议）、会议（出境中是公务活动）、文体/教育/科技交流为目的的旅游，占比分别是2.94%、1.03%、0.61%、0.55%，与2015年相比，除了会议（出境中是公务活动）所占比例上升了0.01个百分点，其他三项或多或少都有下降。在出游目的中，占比最小的是宗教/朝拜和健康医疗两项，分别占比0.37%和0.18%，都在0.5%以下。

相对于国内团队，国内散客虽然同样以游览/观光、休闲/度假为出游目的的旅游所占比例比较大，但这两项都比国内团队比例要低。以探亲访友、商务（出境中是商务会议）、会议（出境中是公务活动）、文体/教育/科技交流、宗教/朝拜和健康医疗为出游目的的游客所占比例同样比较低，其中不同于2015年，探亲访友为目的的旅游所占比例比国内团队高出了2.03个百分点。

表4-3　2015年、2016年国内游客出游目的占比情况

| 时间<br>比例<br>出游目的 | 2015年 | | 2016年 | |
| --- | --- | --- | --- | --- |
| | 国内团队（%） | 国内散客（%） | 国内团队（%） | 国内散客（%） |
| 游览/观光 | 54.33 | 57.58 | 56.10 | 53.53 |
| 休闲/度假 | 37.05 | 36.38 | 38.09 | 38.14 |
| 探亲访友 | 4.63 | 2.73 | 2.94 | 4.97 |
| 商务（出境中是商务会议） | 1.38 | 1.35 | 1.03 | 1.08 |
| 会议（出境中是公务活动） | 0.60 | 0.53 | 0.61 | 0.57 |
| 文体/教育/科技交流 | 0.75 | 0.90 | 0.55 | 0.60 |
| 宗教/朝拜 | 0.45 | 0.35 | 0.37 | 0.45 |
| 健康医疗 | 0.23 | 0.05 | 0.18 | 0.34 |
| 其他 | 0.58 | 0.13 | 0.13 | 0.33 |

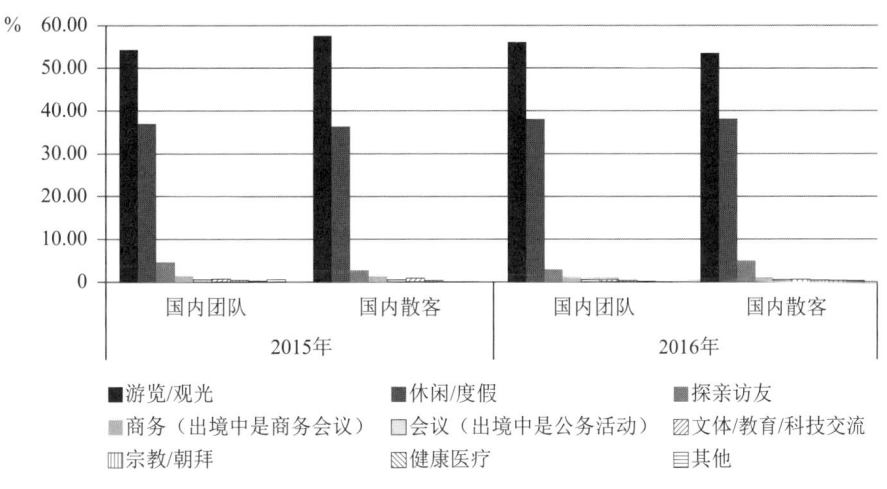

图4-2　2015年、2016年国内游客出游目的分布

2016年入境游客出游目的集中在游览/观光、休闲/度假、了解中国特色文化上，占比分别是37.14%、25.96%、17.03%，均在15%以上，累计占比达到80.13%。相比之下，以商务、健康医疗、会议、文体/教育/科技交流、宗教/朝拜为目的的入境游客占比较少，都在5%以下（见表4-4）。

与国内游客的出游目的相比，入境游客还有了解中国特色文化这一项出游

目的,但这一项近两年比例逐渐下降,一方面说明我国的自然风光对入境游客有着很大的吸引力;另一方面,从侧面表示针对入境游客的文化体验旅游有待进一步发掘和升级。

表 4-4  2016 年入境游客出游目的占比情况

| 影响因素 | 占比（%） | 影响因素 | 占比（%） |
|---|---|---|---|
| 游览/观光 | 37.14 | 健康医疗 | 3.14 |
| 休闲/度假 | 25.96 | 会议 | 2.13 |
| 了解中国特色文化 | 17.03 | 文体/教育/科技交流 | 2.03 |
| 探亲访友 | 7.95 | 宗教/朝拜 | 0.25 |
| 商务 | 4.22 | 其他 | 0.15 |

### （三）游客的信息需求

2016 年,亲朋好友介绍、网站/BBS/论坛、到旅行社咨询、电视/广播是参团游客出游的主要信息来源渠道,这四种信息获取渠道占据的比例都在 15% 以上。其中亲朋好友介绍占比达到 54.42%,比 2015 年上升了 5.72 个百分点;网站/BBS/论坛占比为 43.55%,到旅行社咨询占比为 34.91%,电视/广播占比为 15.32%,报纸/杂志/书籍占比为 14.77%。相对来说,通过户外广告和旅游地自己的推广活动等方式获取旅游信息的游客数量相对较少,分别占比 9.85% 和 5.02%。2016 年,与国内散客相比,国内团队通过旅行社咨询获取信息的游客比例高出 29.52 个百分点,而根据亲朋好友介绍获取信息的比例要低出 5.44 个百分点。与 2015 年相比,2016 年国内团队和国内散客通过亲朋好友介绍获取信息的比例分别上升了 5.72% 和 6.06%,这说明现在人们不管是选择何种方式出行,都很看重身边熟悉的人的评价并且会作为参考来选择旅游目的地（见表 4-5、图 4-3）。

表 4-5  2015 年、2016 年国内游客信息获取渠道占比情况

| 信息获取渠道 | 时间 比例 | 2015 年 | | 2016 年 | |
|---|---|---|---|---|---|
| | | 国内团队（%） | 国内散客（%） | 国内团队（%） | 国内散客（%） |
| 网站/BBS/论坛 | | 44.43 | 44.18 | 43.55 | 43.79 |
| 报纸/杂志/书籍 | | 15.50 | 15.65 | 14.77 | 16.48 |
| 亲朋好友介绍 | | 48.70 | 53.80 | 54.42 | 59.86 |

续表

| 时间<br>信息获取渠道 | 2015年 | | 2016年 | |
|---|---|---|---|---|
| | 国内团队（%） | 国内散客（%） | 国内团队（%） | 国内散客（%） |
| 电视/广播 | 14.30 | 14.73 | 15.32 | 17.10 |
| 户外广告 | 9.48 | 9.03 | 9.85 | 10.75 |
| 到旅行社咨询 | 29.33 | 5.45 | 34.91 | 5.39 |
| 旅游地自己的推广活动 | 4.48 | 4.25 | 5.02 | 4.71 |
| 其他 | 1.25 | 3.70 | 0.58 | 2.62 |

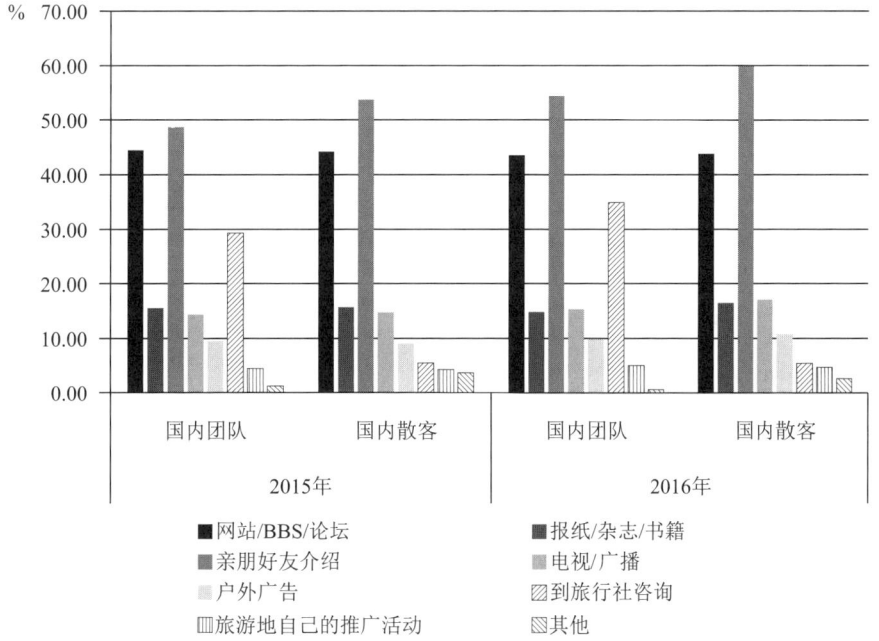

图4-3　2015年、2016年国内游客旅游信息获取渠道

从入境游客了解信息的渠道以及喜欢的宣传方式来看（见表4-6、图4-4），占比较高的是网站/BBS/论坛、亲朋好友介绍，分别占比60.02%、50.32%，其次是报纸/杂志/书籍、到旅行社咨询、电视/广播、旅游宣传册，旅游地自己的推广活动、旅游会展等形式了解信息的占比相对较小。与2015年相比，到旅行社咨询旅游信息的占比有所提升。

表 4-6　2015 年、2016 年入境游客了解信息渠道的占比情况

|  | 2015 年 | 2016 年 |
| --- | --- | --- |
| 网站/BBS/论坛 | 65.05% | 60.02% |
| 报纸/杂志/书籍 | 36.80% | 32.74% |
| 亲朋好友介绍 | 41.65% | 50.32% |
| 电视/广播 | 17.80% | 17.31% |
| 户外广告 | 12.45% | 10.44% |
| 电梯广告 | 6% | 6.81% |
| 机场/地铁广告 | 8.70% | 9.36% |
| 旅游宣传册 | 16.40% | 14.14% |
| 旅游会展 | 7.08% | 6.65% |
| 到旅行社咨询 | 14.63% | 19.16% |
| 旅游地自己的推广活动 | 4.68% | 7.24% |
| 其他（请注明） | 0.58% | 0.03% |

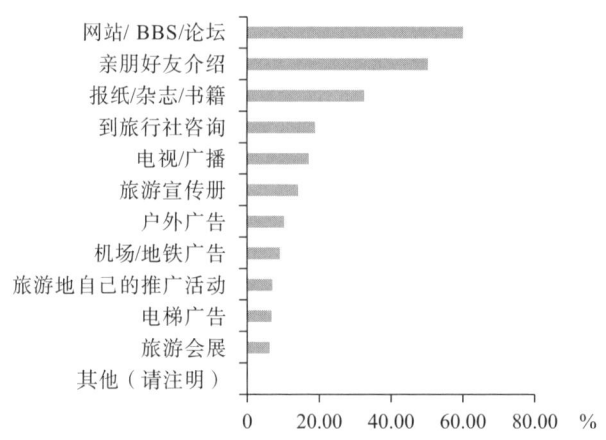

图 4-4　2016 年入境游客了解信息渠道的分布

国内游客出游前主要了解景区（点）信息、旅游价格信息、交通信息、住宿信息等。2016 年国内团队中主要了解景区（点）信息、旅游价格信息、交通信息、住宿信息的游客所占比例较大，分别为 67.69%、44.03%、38.87% 和 26.58%，其次是旅游地民俗风情（19.27%）、特色旅游街区（11.00%）、娱乐信息（4.60%）及其他（0.65%）。与国内散客相比，国内团队旅游前了解信息

中除了交通信息、住宿信息和娱乐信息占比较低,其他信息的了解比例都要比散客高(见表4-7、图4-5)。尤其是旅游价格信息,占比高出11.83%,说明团队游客对价格更加敏感。

2016年与2015年相比,国内团队游客中出游前了解景区(点)信息的比例上升4.14%,了解旅游价格信息的比例上升了2.55%,除此之外,了解旅游地民俗风情、特色旅游街区的占比也有小幅度上升。而了解交通信息、住宿信息和娱乐信息的比例有所下降,分别下降0.68%、2.00%和0.05%。

表4-7 2015年、2016年国内游客出游前获取信息内容占比情况

| 时间<br>比例<br>获取信息内容 | 2015年 | | 2016年 | |
| --- | --- | --- | --- | --- |
| | 国内团队(%) | 国内散客(%) | 国内团队(%) | 国内散客(%) |
| 景区(点)信息 | 63.55 | 58.80 | 67.69 | 62.32 |
| 旅游价格信息 | 41.48 | 31.25 | 44.03 | 32.20 |
| 交通信息 | 39.55 | 47.15 | 38.87 | 46.10 |
| 住宿信息 | 28.58 | 28.13 | 26.58 | 27.33 |
| 旅游地民俗风情 | 19.10 | 13.70 | 19.27 | 15.00 |
| 特色购物街区 | 10.55 | 9.65 | 11.00 | 10.25 |
| 娱乐信息 | 4.65 | 5.70 | 4.60 | 5.08 |
| 其他 | 1.65 | 3.40 | 0.65 | 2.21 |

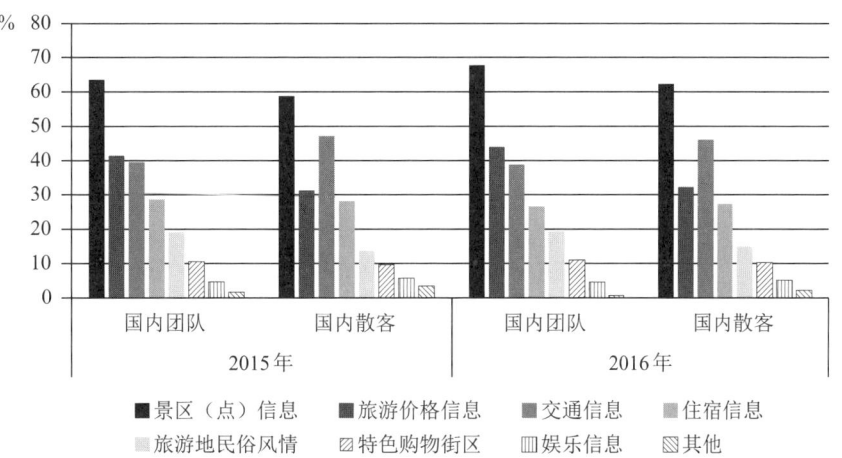

图4-5 2015年、2016年国内游客出游前获取信息内容分布

2016年，入境游客相对比较关注旅游交通/天气等生活信息、旅游产品和服务介绍以及旅游景区接待情况这三项内容，占比分别是40.90%、40.56%和39.08%（见表4-8、图4-6）。此外入境游客对特色文化娱乐活动和当地政策和法规重视程度也很高，占比分别达到37.17%和32.00%。相对来看，在入境游客获取信息内容中，旅游购物环境情况和旅游价格占比比较低，分别为29.94%和10.69%。

表4-8 2016年入境游客信息获取内容占比情况

| 入境获取信息内容 | 比例（%） |
| --- | --- |
| 当地政策和法规 | 32.00 |
| 旅游景区接待情况 | 39.08 |
| 旅游产品和服务介绍 | 40.56 |
| 旅游交通/天气等生活信息 | 40.90 |
| 旅游购物环境情况 | 29.94 |
| 特色文化娱乐活动 | 37.17 |
| 旅游价格 | 10.69 |
| 其他 | 0.12 |

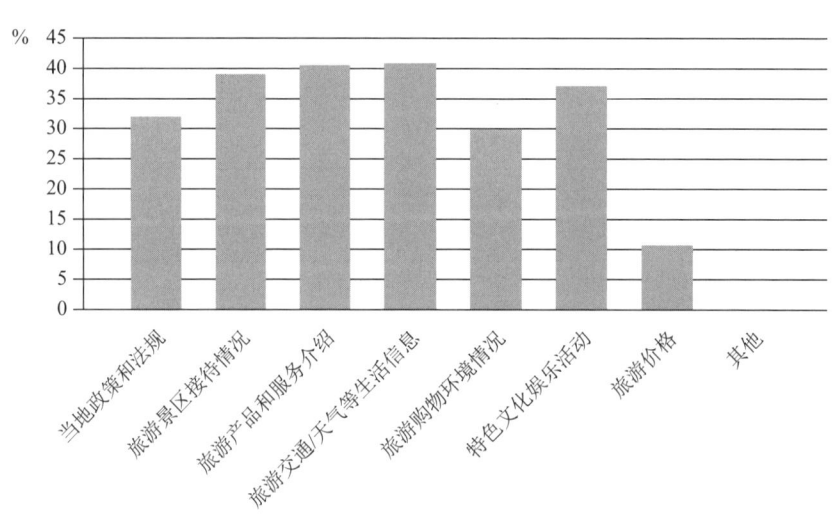

图4-6 2016年入境游客信息获取内容分布

### （四）游客的设施与服务需求

景点吸引力/旅游地吸引力和旅行费用是影响国内团队游客出游的重要因素。

2016年国内团队中这两项的占比分别达到46.33%和22.79%，其次是旅游地交通、住宿条件、特色饮食和休闲的环境，分别占比9.90%、8.49%、7.45%和4.82%，均未超过10%。国内团队中的游客与国内散客相比，认为景点吸引力/旅游地吸引力、旅行费用和住宿条件这三项影响出游的因素占比略高，而旅游地交通、特色饮食和休闲的环境占比低于国内散客。与2015年相比，国内团队中游客认为景点吸引力/旅游地吸引力和旅行费用影响比较大的游客比例有所上升，分别上升3.30%和1.29%，其他因素比例都有所下降，但是降幅不大（见表4-9、图4-7）。

表4-9　2015年、2016年国内游客出游影响因素占比情况

| 时间<br>获取信息内容　　　比例 | 2015年 | | 2016年 | |
| --- | --- | --- | --- | --- |
| | 国内团队（%） | 国内散客（%） | 国内团队（%） | 国内散客（%） |
| 景点吸引力/旅游地吸引力 | 43.03 | 38.98 | 46.33 | 41.06 |
| 旅行费用 | 21.50 | 19.45 | 22.79 | 19.31 |
| 旅游地交通 | 11.30 | 14.88 | 9.90 | 14.67 |
| 住宿条件 | 9.48 | 8.58 | 8.49 | 8.45 |
| 特色饮食 | 8.78 | 10.03 | 7.45 | 9.34 |
| 休闲的环境 | 5.38 | 7.05 | 4.82 | 6.52 |
| 其他 | 0.53 | 1.03 | 0.21 | 0.64 |

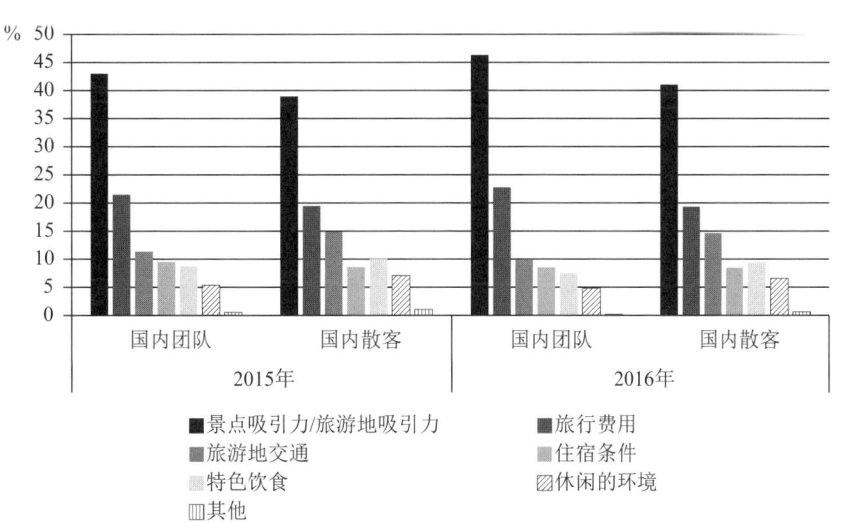

图4-7　2015年、2016年国内游客出游影响因素分布

2016年,影响入境游客出游最重要的因素为景点吸引力/旅游地吸引力,占比高达44.81%,比2015年上升了10.83个百分点,其次是旅游地交通(26.70%)、旅行费用(26.42%)、旅行安全(24.61%)、住宿条件(22.91%)、特色饮食(20.91%)、信息获取(17.71%)、休闲的环境(14.78%)、距离(13.61%)、沟通交流(13.40%)、民风民俗(9.45%)、城市形象(8.78%),而居民友善好客(2.89%)、节事活动(2.56%)和其他(0.34%)对入境游客影响不大(见表4-10、图4-8)。

表4-10 2016年入境游客影响因素占比情况

| 影响因素 | 比例(%) | 影响因素 | 比例(%) |
| --- | --- | --- | --- |
| 景点吸引力/旅游地吸引力 | 44.81 | 距离 | 13.61 |
| 旅游地交通 | 26.70 | 沟通交流 | 13.40 |
| 旅行费用 | 26.42 | 民风民俗 | 9.45 |
| 旅行安全 | 24.61 | 城市形象 | 8.78 |
| 住宿条件 | 22.91 | 居民友善好客 | 2.89 |
| 特色饮食 | 20.91 | 节事活动 | 2.56 |
| 信息获取 | 17.71 | 其他 | 0.34 |
| 休闲的环境 | 14.78 | | |

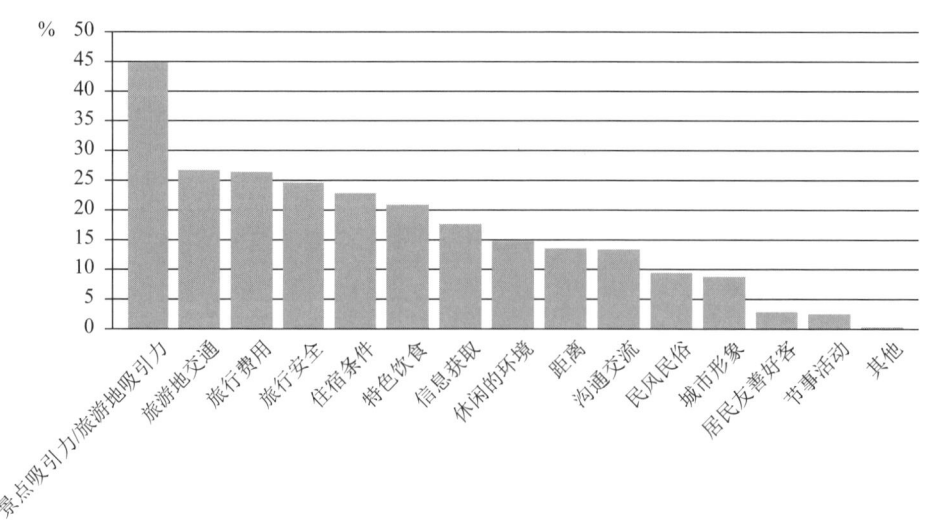

图4-8 2016年入境游客出游影响因素

## 二、游客行为分析

### （一）游客的出游形式

和家人一起出游、和好友结伴出游是国内团队和国内散客选择最多的出游方式。从国内团队来看，2016年这两种出游方式的比例分别达到53.23%和33.05%，其次为公司、班级、社团等集体出游和独自出游，占比分别达到6.82%和5.65%，而机关、事业单位同事/商务活动，网络结伴旅游、驴友等自助游组织出游/自助游和其他方式的游客占比很低，均在2%以下。与国内散客相比，国内团队游客选择和家人一起出游，公司、班级、社团等集体出游，机关、事业单位同事/商务活动，网络结伴旅游等集体出游形式的比例稍高，而选择和好友结伴出游、独自出游和驴友等自助游组织出游/自助游的游客比例略低。与2015年相比，2016年国内团队出游方式中和家人一起出游的比例增长明显，上升了7.18个百分点，其他几种方式比例比较稳定或者少许下降（见表4-11、图4-9）。

表4-11  2015年、2016年国内游客出游方式占比情况

| 时间<br>出游方式 | 2015年 | | 2016年 | |
| --- | --- | --- | --- | --- |
| | 国内团队（%） | 国内散客（%） | 国内团队（%） | 国内散客（%） |
| 和家人一起出游 | 45.05 | 42.83 | 52.23 | 48.23 |
| 和好友结伴出游 | 36.38 | 39.13 | 33.05 | 36.16 |
| 公司、班级、社团等集体出游 | 9.18 | 2.90 | 6.82 | 2.02 |
| 独自出游 | 5.60 | 12.33 | 5.65 | 11.19 |
| 机关、事业单位同事/商务活动 | 1.73 | 1.10 | 1.46 | 1.20 |
| 网络结伴旅游 | 1.00 | 0.85 | 0.66 | 0.43 |
| 驴友等自助游组织出游/自助游 | 0.90 | 0.63 | 0.00 | 0.47 |
| 其他 | 0.16 | 0.23 | 0.13 | 0.29 |

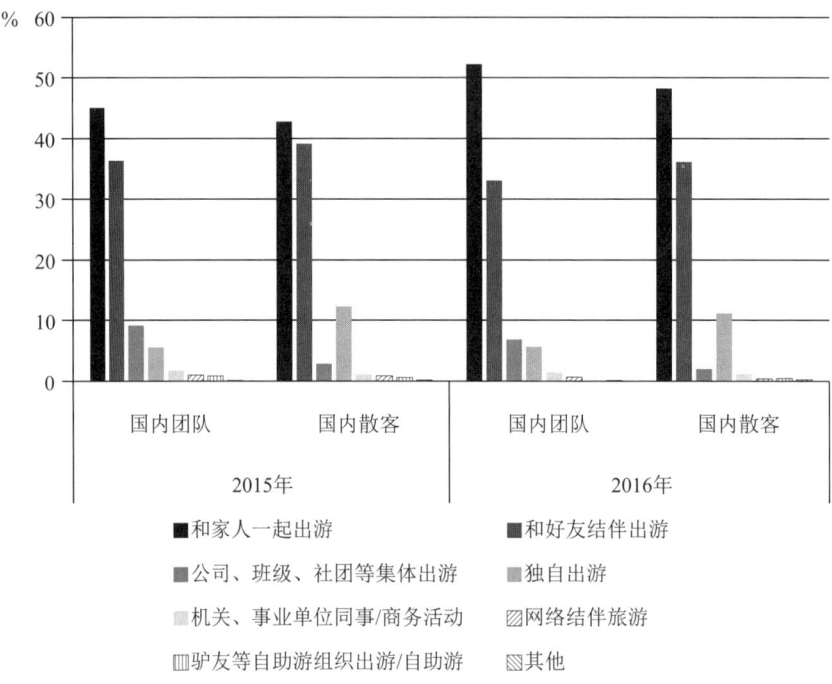

图 4-9　2015 年、2016 年国内游客出游方式分布

**（二）出游花费金额**

从国内团队看，人均花费在 501~1000 元、1001~2000 元、2001~3000 元的游客所占比例较大，分别是 29.28%、26.93% 和 15.27%，其次是人均花费在 500 元以下和 3001~5000 元的游客，占比分别为 14.38% 和 9.25%，人均花费在 10 001 元以上的占比最小，为 1.47%。与国内散客相比，人均花费在 500 元以下的国内团队比例较低，相差 13.82 个百分点。但是在 500 元以上的每个区间，国内团队花费所占的比例都要高于国内散客，这从一个角度说明，整体上国内团队的人均花费水平要高于国内散客。与 2015 年相比，2016 年国内团队中人均花费在 500 元以下、501~1000 元和 10 001 元以上区间内的比例有小幅度上升，其他区间都有稍许下降。总体来说，比例分布变化不大于 4%（见表 4-12、图 4-10）。

表 4-12　2015 年、2016 年国内游客人均花费占比情况

| 花费金额 \ 时间比例 | 2015 年 | | 2016 年 | |
|---|---|---|---|---|
| | 国内团队（%） | 国内散客（%） | 国内团队（%） | 国内散客（%） |
| 500 元以下 | 13.23 | 31.45 | 14.38 | 28.20 |
| 501~1000 元 | 26.65 | 25.05 | 29.28 | 27.47 |
| 1001~2000 元 | 28.15 | 21.03 | 26.93 | 22.82 |
| 2001~3000 元 | 16.38 | 12.1 | 15.27 | 11.55 |
| 3001~5000 元 | 10.48 | 7.23 | 9.25 | 6.60 |
| 5001~10 000 元 | 4.13 | 3.19 | 3.43 | 2.60 |
| 10 001 元以上 | 0.98 | 0.95 | 1.47 | 0.76 |

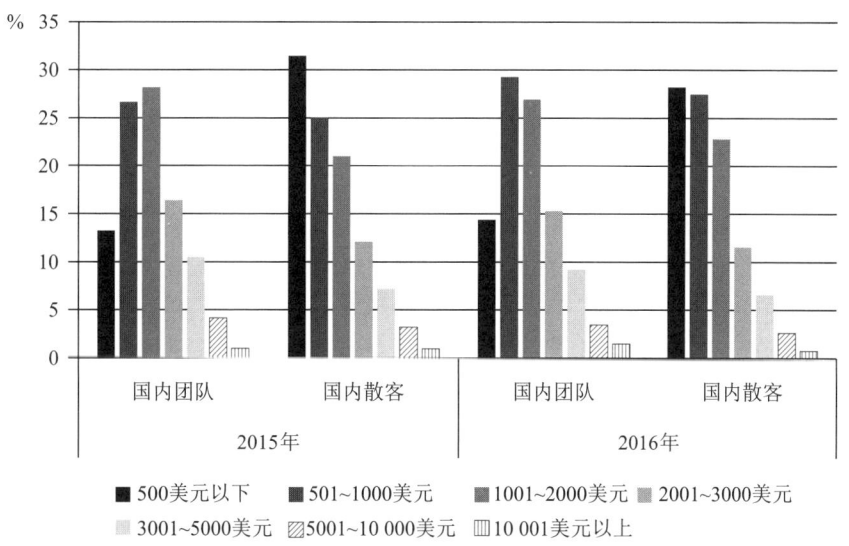

图 4-10　2015 年、2016 年国内游客人均花费分布

从入境游客来看，2016 年旅游人均花费在 1001~2000 美元、2001~3000 美元、3001~5000 美元和 5001~10 000 美元的游客所占比例较大，分别是 25.28%、18.08%、19.16% 和 18.02%，其次是 501~1000 美元和 10 001 美元以上的游客，分别占比 10.35% 和 5.14%，比例最低的区间是人均花费 500 美元以下的游客，为 3.97%（见表 4-13、图 4-11）。

表 4-13　2016 年入境游客人均花费占比情况

| 花费金额（美元） | 500 以下 | 501~1000 | 1001~2000 | 2001~3000 | 3001~5000 | 5001~10 000 | 10 001 以上 |
|---|---|---|---|---|---|---|---|
| 比例(%) | 3.97 | 10.35 | 25.28 | 18.08 | 19.16 | 18.02 | 5.14 |

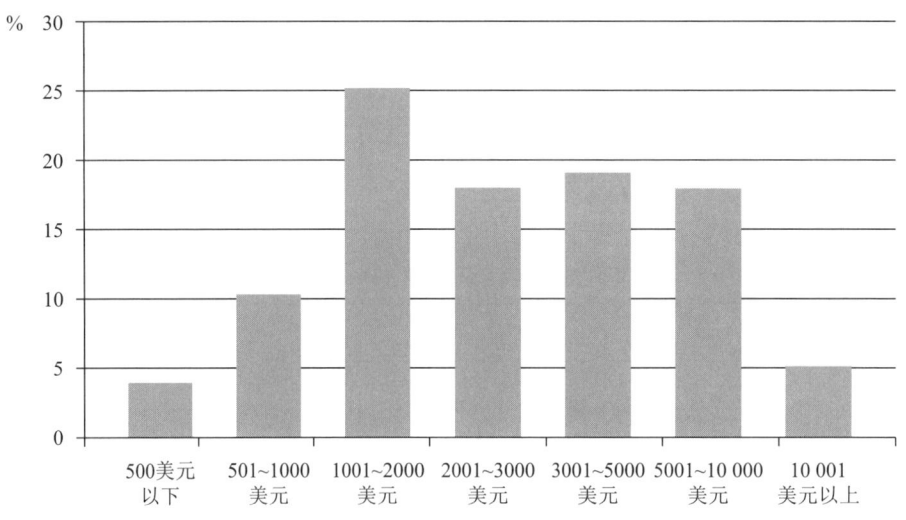

图 4-11　2016 年入境游客人均花费分布

国内团队在景点门票、餐饮、购物上的花费大，而国内散客的花费除了上述三个方面外，在交通方面的花费也不小。

从花费项目来看，2016 年国内团队在景点门票、餐饮和购物上花费较高的游客占比大，分别为 22.62%、24.34% 和 28.49%，其次是交通（10.39%）、住宿（6.49%）和文化娱乐（6.01%）。与国内散客相比，国内团队在购物上的花费高出了 8.09 个百分点，而在交通、餐饮、住宿方面，国内团队游客的花费略低于国内散客，其中餐饮的花费比例低了 4.93 个百分点。与 2015 年相比，2016 年国内团队在购物、餐饮、文化娱乐方面的花费比例有小幅度增长，其他方面小幅下降基本不变（见表 4-14、图 4-12）。2016 年，国家加大力度整治旅游市场，使得强制购物的现象有所减少，国内团队游客购物的花费比例增长率降低，成效初显。

表 4-14　2015 年、2016 年国内游客花费项目占比情况

| 花费项目 \ 时间 比例 | 2015 年 | | 2016 年 | |
|---|---|---|---|---|
| | 国内团队（%） | 国内散客（%） | 国内团队（%） | 国内散客（%） |
| 景点门票 | 23.75 | 23.83 | 22.62 | 22.62 |
| 交通 | 11.83 | 14.18 | 10.39 | 13.23 |
| 餐饮 | 23.85 | 28.63 | 24.34 | 29.27 |
| 购物 | 25.98 | 18.00 | 28.49 | 20.40 |
| 文化娱乐 | 5.75 | 5.05 | 6.01 | 5.44 |
| 住宿 | 7.30 | 9.90 | 6.49 | 8.78 |
| 其他 | 1.54 | 0.41 | 1.66 | 0.25 |

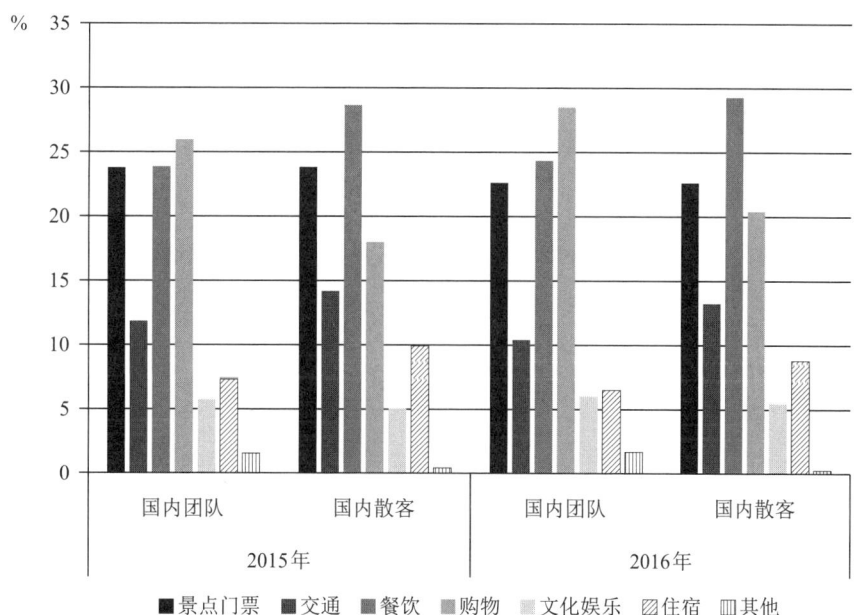

图 4-12　2015 年、2016 年国内游客花费项目分布

从入境游客的花费项目占比来看，购物花费所占比例最大，达到 23.78%，其次是餐饮、交通和文化娱乐，分别为 22.70%、21.71% 和 16.38%。住宿、景点门票和其他占比较小，均未超过 10%（见表 4-15、图 4-13）。

表 4-15　2016 年入境游客花费项目占比情况

| 花费项目 | 景点门票 | 交通 | 餐饮 | 购物 | 文化娱乐 | 住宿 | 其他 |
|---|---|---|---|---|---|---|---|
| 比例（%） | 7.08 | 21.71 | 22.70 | 23.78 | 16.38 | 7.73 | 0.62 |

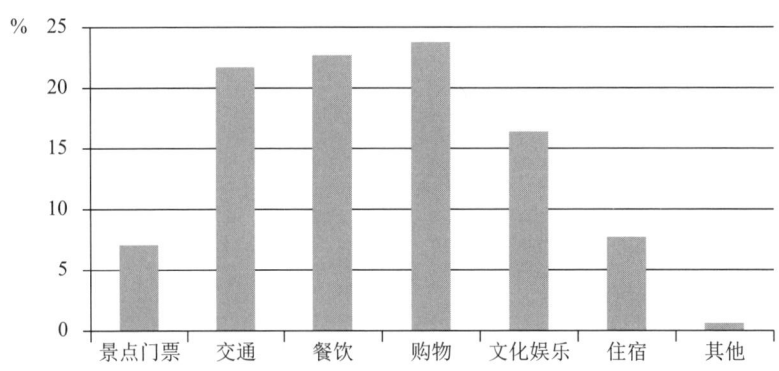

图 4-13　2016 年入境游客花费项目分布

### （三）出游频率和周期

2016 年，国内团队的出游频率与国内散客的出游频率基本持平，出游次数在 3 次以及 3 次以下的国内团队出游人数占总人数的 91.33%，国内散客的这一比例为 89.08%。与国内散客相比，国内团队年出游次数在 2 次的频率相对较高，高出 2.61 个百分点；年出游次数在 5 次以上的频率相对最低，低了 1.57 个百分点，其他频次的比例二者基本相差不大。与 2015 年相比，2016 年国内团队出游频次比例变化不大，相差不到 1%（见表 4-16、图 4-14）。

表 4-16　2015 年、2016 年国内游客出游频率占比情况

| 出游次数 \ 时间 比例 | 2015 年 | | 2016 年 | |
|---|---|---|---|---|
| | 国内团队（%） | 国内散客（%） | 国内团队（%） | 国内散客（%） |
| 1 次 | 27.83 | 28.30 | 28.60 | 29.16 |
| 2 次 | 39.78 | 36.30 | 40.34 | 37.73 |
| 3 次 | 22.55 | 22.98 | 22.39 | 22.19 |
| 4 次 | 5.08 | 5.53 | 4.93 | 5.25 |
| 5 次 | 2.20 | 2.70 | 1.88 | 2.26 |
| 5 次以上 | 2.56 | 4.19 | 1.85 | 3.42 |

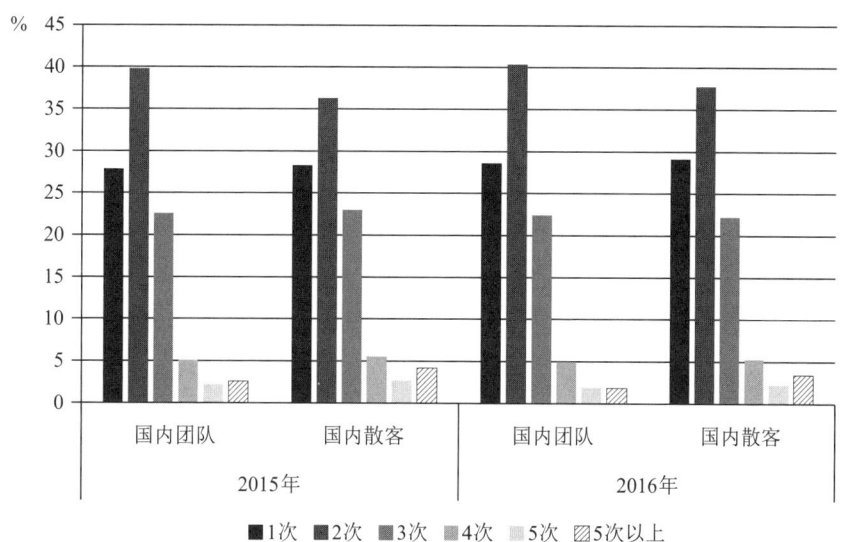

图 4-14  2015 年、2016 年国内游客出游频率分布

国内团队和国内散客的旅游时间以 1 周以内的短期为主。

2016 年，从国内团队来看，旅游时间为 2~3 天、4~7 天的游客所占比例较大，分别是 47.53% 和 31.71%，其次是出行 1 天（13.13%）和 8~14 天（6.33%）的游客，15 天以上的游客相对较少。与国内散客相比，国内团队旅游时间为 1 天和 15 天以上的占比低于国内散客，其余时间段所占比例高于国内散客。与 2015 年相比，2016 年国内团队出游时间在 3 天以内的占比有了上升，而 3 天以上的占比均有下降，但变化都不是太大（见表 4-17、图 4-15）。

表 4-17  2015 年、2016 年国内游客花费时间占比情况

| 时间 \ 比例 | 2015 年 | | 2016 年 | |
| --- | --- | --- | --- | --- |
| | 国内团队（%） | 国内散客（%） | 国内团队（%） | 国内散客（%） |
| 1 天 | 10.63 | 27.65 | 13.13 | 28.24 |
| 2~3 天 | 44.25 | 38.90 | 47.53 | 40.62 |
| 4~7 天 | 35.33 | 24.58 | 31.71 | 23.43 |
| 8~14 天 | 8.00 | 6.18 | 6.33 | 5.61 |
| 15~30 天 | 1.40 | 1.70 | 1.01 | 1.24 |
| 30 天以上 | 0.39 | 0.99 | 0.30 | 0.86 |

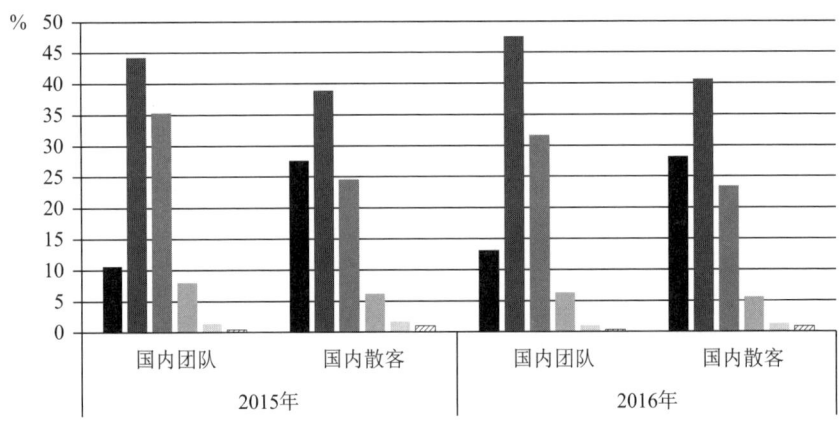

图 4-15　2015 年、2016 年国内游客出游花费时间分布

从入境游客的花费时间来看，旅游时间为 8~14 天的游客所占比例最高，为 40.50%，其次是 4~7 天的，游客占比 35.91%，出游时间在 2~3 天和 15~30 天的游客，占比分别为 10.72% 和 9.18%，出游时间为 1 天和 30 天以上的游客占比最小，分别为 0.46% 和 3.23%（见表 4-18、图 4-16）。

表 4-18　2016 年入境游客花费时间占比情况

| 花费时间（天） | 1 | 2~3 | 4~7 | 8~14 | 15~30 | 30 以上 |
| --- | --- | --- | --- | --- | --- | --- |
| 比例（%） | 0.46 | 10.72 | 35.91 | 40.50 | 9.18 | 3.23 |

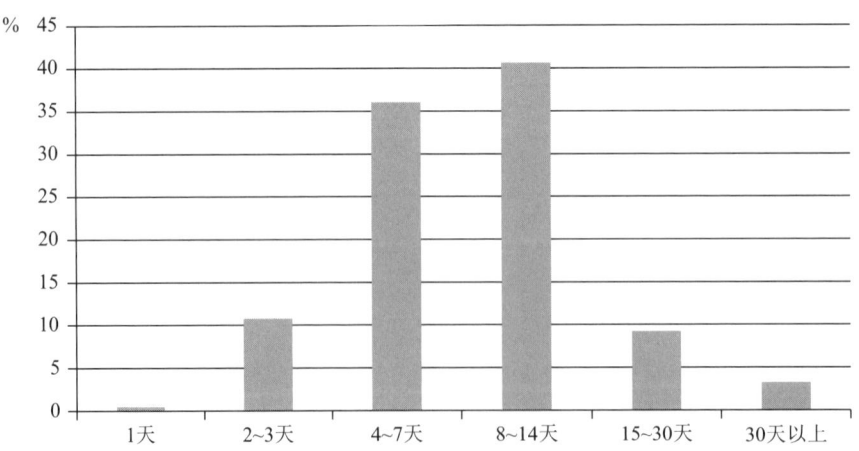

图 4-16　2016 年入境游客花费时间分布

## （四）出游游览行为

国内游客和国内散客多倾向于1~5个景点。

2016年，从国内团队来看，选择3~5个景点数量的游客占比最高，为54.44%；其次是选择1~2个景点的游客，占比为29.51%；再次是选择6~9个景点的游客，占比为12.80%；选择10个以上和0个景点的游客较少，占比分别为2.98%和0.26%。与国内散客相比，国内团队除了在游览0个和1~2个景点的占比低于国内散客，其他游览景点数量的游客比例都高于国内散客。与2015年相比，2016年国内团队游览景点为1~2个的游客占比上升了3.16个百分点，其他数量段浮动都在2%以内（见表4-19、图4-17）。

表4-19 2015年、2016年国内游客游览景点数量占比情况

| 时间<br>比例<br>景点个数 | 2015年 | | 2016年 | |
| --- | --- | --- | --- | --- |
| | 国内团队（%） | 国内散客（%） | 国内团队（%） | 国内散客（%） |
| 0个 | 0.25 | 0.75 | 0.26 | 0.76 |
| 1~2个 | 26.35 | 40.65 | 29.51 | 40.85 |
| 3~5个 | 56.16 | 46.90 | 54.44 | 47.98 |
| 6~9个 | 13.35 | 8.68 | 12.80 | 7.99 |
| 10个以上 | 3.90 | 3.02 | 2.98 | 2.41 |

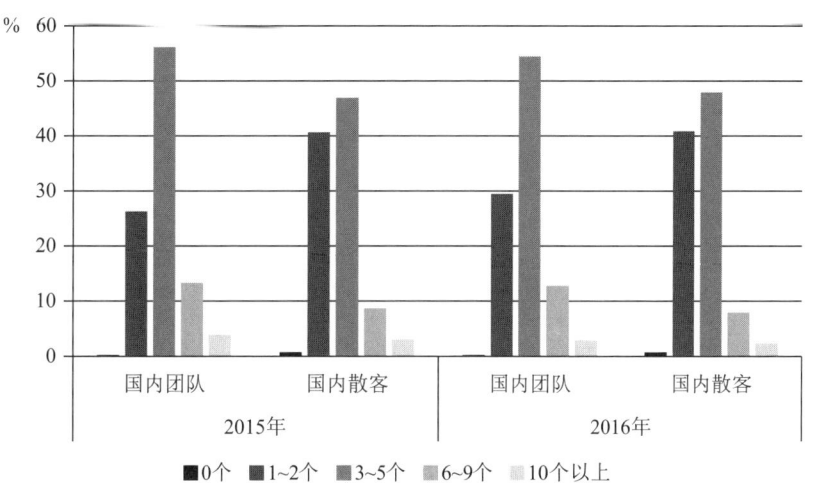

图4-17 2015年、2016年国内游客游览景点数量分布

在入境游客中，游览3~5个景点的游客所占比例最高，达到38.22%；其次是游览6~9个景点的游客，占比为29.60%；再次是游览1~2个和10个以上景点的游客，分别占比16.23%和15.21%；未游览景点的游客占比最小，为0.74%（见表4-20、图4-18）。

表4-20 2016年入境游客游览景点数量占比情况

| 参观景点个数（个） | 0 | 1~2 | 3~5 | 6~9 | 10以上 |
| --- | --- | --- | --- | --- | --- |
| 比例（%） | 0.74 | 16.23 | 38.22 | 29.60 | 15.21 |

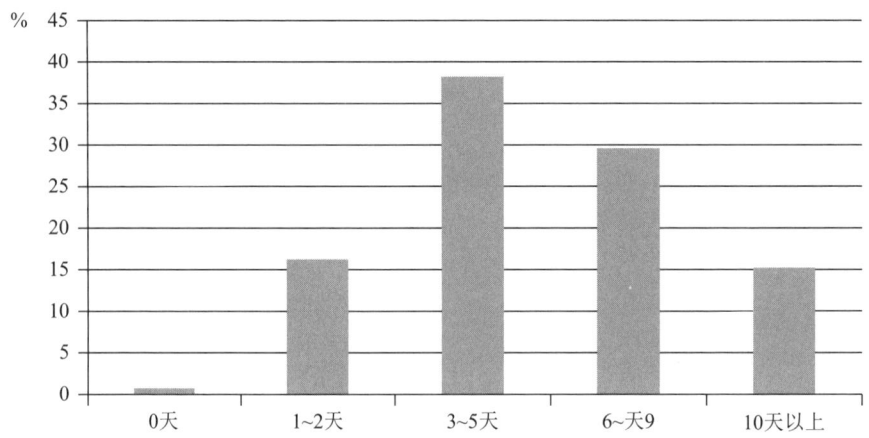

图4-18 2016年入境游客游览景点数量分布

### （五）出游住宿、交通选择行为

国内游客和国内散客出游主要选择经济型酒店和中等价位的酒店。

2016年，国内团队选择经济型酒店和中等价位酒店的占比较大，分别为52.87%和31.45%；其次是选择社会旅馆，占比为8.32%；选择豪华酒店（四星级及以上酒店）的游客相对较少，占比只有4.19%。与国内散客相比，国内团队除了选择社会旅馆和其他住宿方式的游客占比相对较低，选择其他类型酒店住宿的游客占比均高于国内散客。与2015年相比，2016年国内团队游客选择经济型酒店和中等价位酒店的占比有所上升，其中选择经济型酒店的占比上升最多，为3.19个百分点，其他几种选择都有小幅下降（见表4-21、图4-19）。经济型酒店在我国逐渐成为人们出门的首选，方便快捷的服务吸引着越来越多的人，而线上线下同时销售的模式也为经济型酒店提供了多样化的发展方式。

表 4-21　2015 年、2016 年国内游客住宿选择占比情况

| 酒店类型 \ 时间比例 | 2015 年 | | 2016 年 | |
|---|---|---|---|---|
| | 国内团队（%） | 国内散客（%） | 国内团队（%） | 国内散客（%） |
| 豪华酒店（四星级及以上酒店） | 5.23 | 3.98 | 4.19 | 3.23 |
| 中等价位酒店 | 31.30 | 22.20 | 31.45 | 24.86 |
| 经济型酒店 | 49.68 | 47.33 | 52.87 | 50.29 |
| 社会旅馆 | 9.43 | 13.15 | 8.32 | 11.26 |
| 其他 | 4.36 | 13.34 | 3.17 | 10.36 |

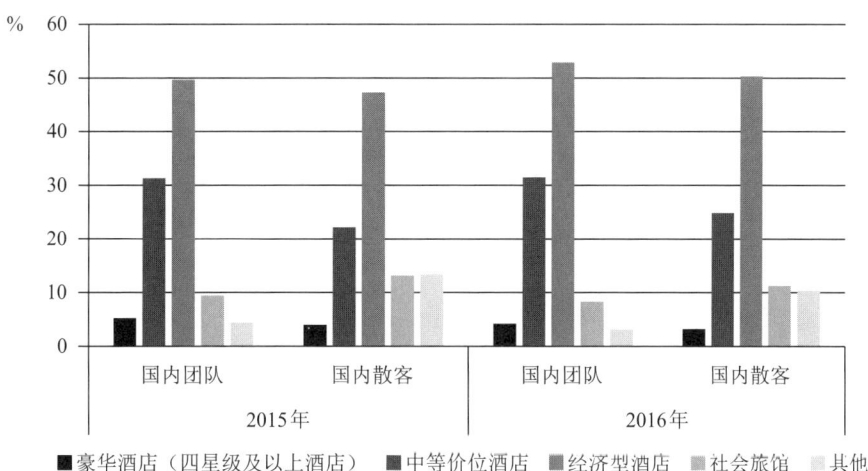

图 4-19　2015 年、2016 年国内游客住宿选择分布

2016 年，从入境游客来看，选择中等价位酒店的游客占比最高，达到 41.95%；其次是选择豪华酒店（四星级及以上酒店）的游客，占比为 36.62%；然后是选择经济型酒店的游客，占比为 18.97%，选择其他方式住宿的游客占比最低，为 0.95%（见表 4-22、图 4-20）。

表 4-22　2016 年入境游客住宿选择占比情况

| 住宿选择 | 豪华酒店（四星级及以上酒店） | 中等价位酒店 | 经济型酒店 | 社会旅馆 | 其他 |
|---|---|---|---|---|---|
| 比例（%） | 36.62 | 41.95 | 18.97 | 1.51 | 0.95 |

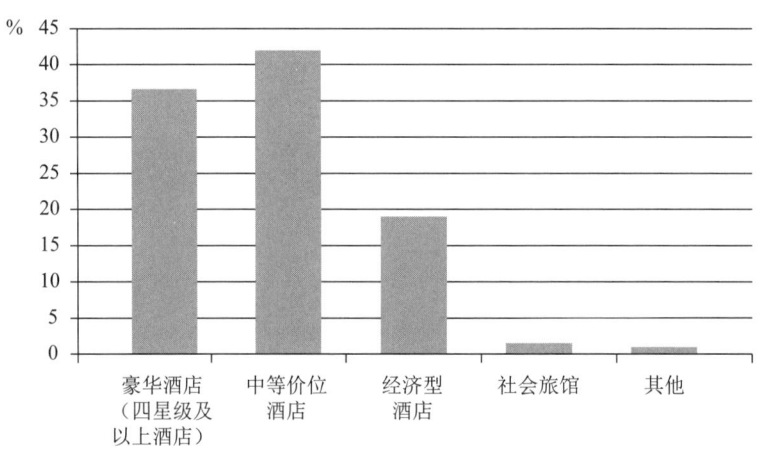

图 4-20　2016 年入境游客住宿选择分布

国内有超过八成的游客选择火车和汽车这两种交通方式出行。

2016 年，在国内团队游客出行选择的交通工具方面，大部分选择汽车出行，占比达到 59.40%；选择火车和飞机的游客比例也相对较多，分别为 22.53% 和 11.94%；选择自驾车（4.63%）、自行车 / 步行（0.69%）、游船（0.40%）等其他交通工具的游客相对较少。与国内散客相比，国内团队游客选择自驾车、火车、自行车 / 步行的游客比较少，而选择汽车、飞机、游船的游客比较多。与 2015 年相比，2016 年国内团队出游选择火车的占比降低了 5.00 个百分点，而选择汽车的占比上升了 7.02 个百分点（见表 4-23、图 4-21）。

表 4-23　2015 年、2016 年国内游客选择交通工具占比情况

| 时间<br>比例<br>交通工具 | 2015 年 | | 2016 年 | |
| --- | --- | --- | --- | --- |
| | 国内团队（%） | 国内散客（%） | 国内团队（%） | 国内散客（%） |
| 火车 | 27.53 | 27.13 | 22.53 | 24.26 |
| 飞机 | 13.88 | 8.65 | 11.94 | 7.11 |
| 汽车 | 52.38 | 42.50 | 59.40 | 43.21 |
| 游船 | 0.70 | 0.63 | 0.40 | 0.31 |
| 自驾车 | 4.40 | 16.25 | 4.63 | 21.73 |
| 自行车 / 步行 | 0.73 | 3.15 | 0.69 | 2.22 |
| 其他 | 0.38 | 1.69 | 0.41 | 1.16 |

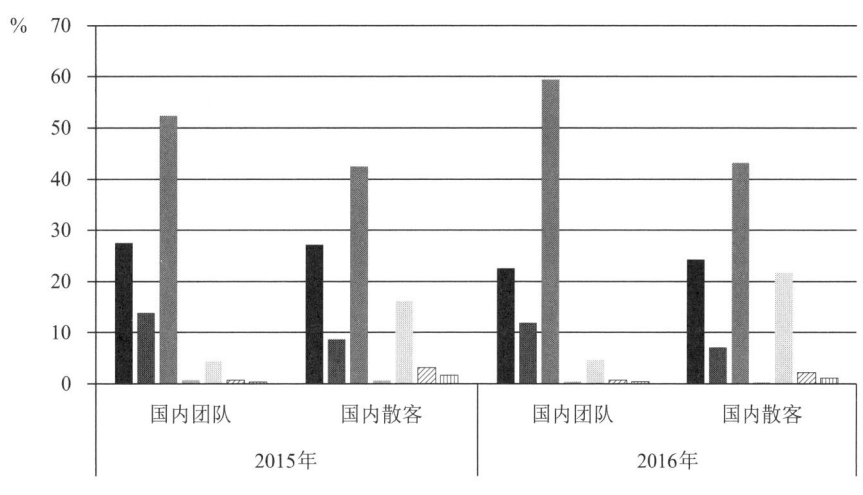

图 4-21　2015 年、2016 年国内游客选择交通工具分布

总体看来，2016 年，选择火车、飞机出行的游客占比较 2015 年有所下降，而选择汽车、自驾车出行的游客占比有上升。这说明，人们越来越注重旅游体验，市场需求在变化。一方面，汽车或者自驾车的出行方式灵活便利，现在越来越多的人放弃选择相对著名的旅游目的地，而是偏好游客较少景色优美体验感好的地点，更喜欢"私人定制"的旅行，真正达到自己在有限的假期里放松身心、亲近自然的目的；另一方面，汽车和自驾车出行的方式有助于拉近人与人之间的距离，更容易和陌生人交朋友，让游客得到有别于日常的、全方位不一样的体验；此外，相对于中短途旅行来说，汽车或者自驾车出行比火车、飞机更有价格上的优势。

## 三、游客消费热点

### （一）家庭旅游成为旅游消费市场主力

2016 年，旅游加入到以采购电器、服装、生活用品为主题的"双十一"促销战中，成为人们日常采购的主要对象。为备战"双十一"市场，途牛在 10 周年三天大促中，销售额同比增长 294%，活动参与人数突破 960 万。途牛旅游网 2016 年第二季度财报显示，80% 的在线旅游产品订单是通过移动端完成。这些数据表明，国民旅游消费正趋向常态化，日常生活化，居民旅游消费变得更加频繁，购买决策时间进一步缩短，决策过程越来越简化，逐渐趋同于生活用品的购买。

其中，以亲子游、爸妈游为代表的家庭旅游成为旅游消费市场主力。中国旅游研究院居民出游意愿调查显示，家庭旅游占比达 60%，其次为好友组织的出行，占比在 20% 左右。根据途牛旅游网数据监测，2016 年最受欢迎的亲子游线路集中在主题公园、嘉年华、房车营地等旅游产品（见表 4-24）。桂林、三亚、丽江是最受欢迎的爸妈游线路（见表 4-25）。

表 4-24　最受欢迎的亲子游线路

| |
| --- |
| 海天乐园—海南三亚 |
| 森林探险—芜湖龙山营地房车 |
| 竞技之乐—红山体育基尼斯亲子闯关嘉年华 |
| 中华寻梦—时光倒流三国村寻梦 |
| 主题乐园—南京银杏湖乐园—主题酒店 |

资料来源：途牛旅游网大数据（2016 年 1—11 月数据）。

表 4-25　最受欢迎的爸妈游线路

| |
| --- |
| 桂林山水—桂林—尧山—龙脊—漓江—阳朔安享 |
| 度假养生—海口—博鳌—三亚—南山养生 |
| 畅游北京—放心纯玩游北京 |
| 梦中天堂—丽江—大理—香格里拉悠闲 |
| 爸妈专享—海南三亚—蜈支洲—桂林—阳朔 |

资料来源：途牛旅游网大数据（2016 年 1—11 月数据）。

### （二）自驾游、乡村游等旅游形式成为出游常态

根据中国旅游研究院分析，当前国内、入境、出境旅游三大市场的自助游客比例分别为 93%、82%、61%。国内自驾游、乡村游等旅游形式成为出游常态。

自驾成为旅游出行的主要交通选择。中国旅游研究院与中国电信联合进行的乡村旅游调研显示，近 7 成的游客选择自驾的方式到乡村旅游。途牛旅游网监测数据显示，2016 年 1—11 月，排名前五的国内自驾游线路中，4 条线路以

主题公园为主要出游目的地（见表4-26）。

乡村旅游是长假旅游消费的重要选项。经中国旅游研究院与中国电信联合测算，2016年国庆期间全国乡村游游客人数达1.29亿人次，在5.93亿总旅游接待人次中占比21.7%，成为长假出行的主要消费选择。国庆期间乡村游中，跨省市出行比重达53.75%，过夜人次占比58.19%。受访的46.42%游客表示每月到乡村旅游一次。重庆、北京、广州、成都是乡村游的主要客源地（见图4-22）。

表4-26　最受欢迎国内自驾游线路

| 珠海长隆海洋王国或大马戏 |
|---|
| 杭州宋城 |
| 深圳东部华侨城 |
| 广州长隆 |
| 安吉藏龙百瀑—大竹海 |

资料来源：途牛旅游网大数据（2016年1—11月数据）。

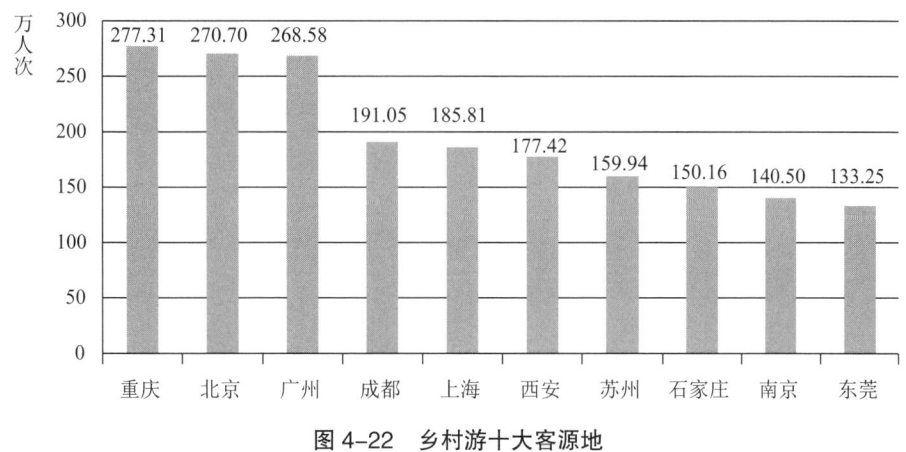

图4-22　乡村游十大客源地

资料来源：中国旅游研究院和中国电信联合实验室。

### （三）邮轮、海岛游、冰雪游等为代表的度假旅游消费增幅巨大

中国旅游研究院的游客调查显示，2016年度假休闲动机的游客比例已超过七成。邮轮、海岛旅游，避暑旅游，冰雪旅游等度假旅游消费增势显著。其中，邮轮旅游市场消费潜力巨大。途牛发布的《中国在线邮轮市场专题研究报告

2016》显示，2016年我国在线邮轮市场收入规模有望突破18亿元。中国游客总数位居全球邮轮游客数量的第8位，但中国邮轮市场渗透率仅0.05%。途牛、同程、携程是在线邮轮交易规模排名前三的在线旅游运营商。报告还显示，伴随着国内邮轮母版图的扩大，邮轮游客源地范围正逐渐向内地延伸，武汉、西安、成都、重庆等中西部地区成为未来最具成长潜力的邮轮客源市场。

其次，品质团、定制游成为旅游消费升级新标志。历年《旅游抽样调查统计》显示，我国城乡居民国内旅游人均消费水平逐年增加，人均旅游消费增长至2016年的880元。随着消费能力的提升，越来越多的游客追求品质团、定制游等高品质旅游产品。途牛旅游网经营的以品质团为特色的牛人专线业务，2016年收客量同比增长77%，其定制旅游业务同样增长显著，2016年7—9月和10—11月途牛定制游收客量同比分别增长67%、66%。

## 四、游客消费趋势

2017年，随着国务院印发《"十三五"旅游业发展规划》并贯彻落实，要求落实职工带薪休假制度纳入各地政府议事日程，制定带薪休假制度实施细则或实施计划，加强监督检查，将加快职工带薪休假制度落地，更多职工将有时间休闲旅游。各地方各行业把带薪休假与本地传统节日、地方特色活动相结合，安排错峰休假，将使更多的人能有时间外出旅游。同时，在资本、科技、文创、人才等新要素的驱动下，旅游供给端产品将更加丰富，产品结构更加合理，产品供给与旅游需求进一步匹配，旅游消费从需求驱动逐渐向供给拉动转变。

2017年旅游消费热点和结构将呈现新的趋势，旅游客源和目的地市场双双向中西部地区快速延伸、出境旅游消费稳步增长、新老目的地市场备战积极、旅游消费范围不断拓展、体验性旅游消费支出比例增大、度假旅游常态化、邮轮等度假旅游产品仍是市场热点，等等。

从三大市场看，预计2017年国内、入境和出境旅游三大市场旅游人数超过50亿人次、旅游消费超过6万亿元。其中出境市场发展引人关注，2016年11月，国家主席习近平在亚太经合组织（APEC）工商领导人峰会上发表主旨演讲时指出，预计未来5年中国出境旅游将达到7亿人次。

**（一）旅游客源和目的地市场双双向中西部地区快速延伸**

根据途牛旅游网大数据监测，2016年1—11月，排名前十的客源地仍以东部沿海城市为主,但增长最快的客源地主要集中在西部地区,如云南、四川、青海、内蒙古、新疆等,表明西部地区已成为我国旅游消费市场的生力军(见表4-27)。

中西部地区同样是未来旅游消费的主战场。从国庆长假的接待情况来看,北京、天津等传统旅游目的地增幅稳定,湖北、湖南等中部省份游客接待量达15%的增长率,内蒙古、甘肃等西部则以20%以上的增速呈井喷式发展。途牛旅游网大数据也显示,2016年,新疆、青海、甘肃、四川、宁夏等西部地区是旅游人次同比增长最快的旅游目的地。其他增长较快的目的地还包括辽宁、广东、海南等。

表4-27 2016年排名前十的客源地、增长最快的客源地和目的地

| 2016年排名前十客源地 | 2016年增长最快的客源地 | 2016年增长最快的前十国内旅游目的地 |
| --- | --- | --- |
| 上海 | 天津 | 新疆 |
| 江苏 | 云南 | 青海 |
| 北京 | 四川 | 辽宁 |
| 广东 | 内蒙古 | 陕西 |
| 四川 | 青海 | 河北 |
| 浙江 | 新疆 | 甘肃 |
| 天津 | 海南 | 四川 |
| 湖北 | 辽宁 | 宁夏 |
| 辽宁 | 福建 | 广东 |
| 山东 | 安徽 | 海南 |

资料来源:途牛旅游网大数据(2016年1—11月数据)。

**(二)出境旅游消费稳步增长,新老目的地市场备战积极**

2017年出境旅游市场将进入稳步增长阶段,增速维持在4%左右。出境旅游消费将更加理性,对新兴旅游市场的探索是出境旅游增长的重要动力。从2016年1—11月途牛销售数据来看,除泰国、印度尼西亚、美国外,增长最快的目的地市场均在目前最受欢迎的前十目的地之外(见表4-28)。以老挝、越南、柬埔寨为代表的亚洲市场,以埃及为代表的非洲市场,以以色列为代表的

中东市场,都将是未来出境消费的新亮点。

与此同时,传统目的地市场如美国、加拿大等,也在积极备战2017年中国市场的拓展。美国方面加强了深度游产品的开发,从途牛旅游网目前的收客情况看,2017年赴美旅游的人数增加显著。此外,2017年是加拿大建国150周年,2018年是中加旅游年,在加拿大旅游局积极的市场推广下,2017年加拿大市场将迎来旅游产品品类增加、报名人数激增的情况。南美市场在明年也将有较大的增幅。根据途牛数据显示,2016年前三季度南美旅游产品收客量同比增长超过100%,该增势会随着南美航线的建立,签证简化,旅游线路不断丰富,而进一步提升。

表4-28　2016年最受欢迎的出境目的地和增长最快的目的地国家

| 2016年最受欢迎的出境目的地国家 | 2016年增长最快的目的地国家 |
| --- | --- |
| 泰国 | 印度尼西亚 |
| 日本 | 老挝 |
| 美国 | 越南 |
| 法国 | 新西兰 |
| 韩国 | 泰国 |
| 印度尼西亚 | 柬埔寨 |
| 意大利 | 澳大利亚 |
| 瑞士 | 埃及 |
| 德国 | 以色列 |
| 俄罗斯 | 美国 |

资料来源:途牛旅游网大数据(2016年1—11月数据)。

**(三)旅游消费范围不断拓展,体验性旅游消费支出比例增大**

随着全域旅游、"旅游+"政策的深入贯彻,以及文创、旅游IP带动的新业态、新要素的发展,将进一步丰富旅游产品内容,拉动旅游核心产品和衍生性产品的消费。有数据显示,故宫博物院2015年上半年的文创产品销售额已达7亿元,利润近8000万元。文创、科技等要素在旅游中的渗透,将改变当下以景点门票、购物、餐饮、交通为主要花费的旅游消费结构(见表4-23)。预计,体验性消费，如文化娱乐、主题住宿、旅游商品、目的地生活体验方面的花费，将进一步扩大。

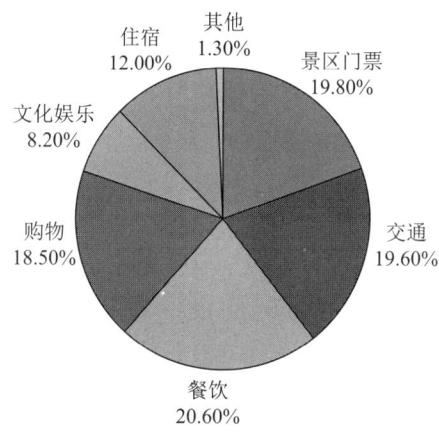

图 4-23　2015 年国内游客消费结构

资料来源：中国旅游研究院 2015 年旅游市场调查。

**（四）度假旅游常态化，邮轮等度假旅游产品仍是市场热点**

在国民旅游需求不断升级的背景下，休闲度假已成为国民出游的主要动机。2017 年，在需求和产业的双重作用下，邮轮、海岛等度假旅游将继续是消费热点。2017 年国内母港港口运力将实现超过 50% 以上的增长。其中，华南港运力的提升将助力邮轮旅游市场的发展。邮轮的商业用途也在被积极地拓展，包船产品成为企业团队游和会奖游的重要选择。另外，邮轮的主题游产品，如围绕爸妈游、亲子游等邮轮特色主题活动，也不断走俏，这些新的业务创新将成为邮轮旅游新的增长点。

# 第五章
## 在线旅游业的发展

## 一、在线旅游总量和渗透率

2016年，中国在线旅游市场规模持续扩大。根据艾瑞统计数据，这一年中国在线旅游市场交易规模达5903.6亿元，增长率为33.3%，线上渗透率为12.0%，较2015年相比提升了1.3个百分点；在线旅游OTA市场营收规模为298亿元，同比增长48%。预计伴随着国内旅游市场大环境的稳定增长，线上线下融合不断深化，在线旅游OTA企业在市场中地位将进一步得到强化，其市场营收规模将持续扩大。

从交易额格局来看，2016年机票市场份额仍为最大，但占比有所下滑，降至57%；住宿市场的增速相对稳定，占在线旅游市场总体份额的20%；而在线度假市场份额进一步提升，占比超18%。尽管机票、酒店的预订仍然是在线旅游市场的主要收入来源，但随着用户周边游、度假游、出境游等多元旅游需求比例的提升，机票和酒店在整体营收所占比重正在下降。中国的在线旅游企业们正在积极探索更加多元的盈利模式，预计未来在线度假市场仍将保持高速增长。

从在线旅游用户的城市分布上看，市场向二、三线城市和农村地区的下沉趋势日益明显。随着移动互联网的普及、农村收入水平的逐渐提高、国民的出游意识逐渐增强以及消费意识的不断升级，二、三线城市和农村地区的在线旅游市场前景广阔，正在逐渐成为在行业着力开拓的第二战场。

根据速途网的监测数据，尽管一线城市在线旅游用户在市场中占比仍占据主导，达40.7%，但与二线城市36.4%、三线以三线以下城市22.9%的占比相比，差距已大幅缩小。伴随着年轻人口，尤其是更多接触过一、二线城市消费模式的人口的回流，低线城市的消费升级也在加速，携程2016年在中国主要的二、三线城市用户量同比增长高达80%。另外，从2012年开始，每年我国农村境内出游的人次均超过10亿，且呈现出快速上升的趋势，至2016年已达12.68亿人次，因此其市场潜力巨大。目前，我国农村地区的互联网覆盖情况仍有很大提升空间，大部分居民仍然通过旅行社等传统机构出行，自主定制出行计划的情况并不多见。预计未来随着在线旅游的不断覆盖，会有大批农村用户向线上聚拢。

## 二、在线旅游细分市场

在线机票行业方面，前瞻网数据显示2016年，我国在线机票市场规模当年值为3180亿元，同比增长率为26.2%。机票市场的在线化发展进程稳定，但与2015年30.50%的同比增长率相比，其增速已出现放缓趋势。增速趋缓意味着机票业务已成为在线旅游市场中发展最为成熟的一个板块，也与"提升机票直销、降低代理分销"（简称"提直降代"）政策的实施息息相关。2016年，民航局发布的《关于国内航联旅客运输销售代理手续费有关问题的通知》中明文要求机票代理销售方不得额外加价、捆绑销售，或者恶意篡改航空运输企业按规定公布的客票价格、适用条件，将"提直降代"大战推向制高点，也因此对网络机票销售平台上诸如低价票、退改签、捆绑保险及其他产品等传统盈利空间产生了较大冲击。未来，航空公司在提高利润，强化其在线机票行业主导权的同时，对将在用户数据的争夺方面重点发力；为用户提供智能化预订和决策的信息和服务产品将不断涌现，以满足用户个性化、多元化的旅游需求。

在线住宿方面，市场规模呈持续稳定扩大的发展态势。劲旅咨询与蚂蚁短租联合发布的《中国景区民宿市场研究报告2017》显示，2016年中国在线旅游住宿市场规模达1267.0亿元，同比增长18.3%，预计2017年该规模将增长16.6%，达1477.3亿元，2018年在线住宿市场交易规模预计可达1701.9亿元。2016年在线旅游非标准住宿市场规模为89.4亿元，占在线住宿市场规模的7.1%，预计2017年在线旅游非标准住宿市场规模将达140.0亿元，占在线住宿市场规模比例将达9.5%。随着途家、蚂蚁短租、小猪、住百家等为代表的非标住宿企业入场，以及Airbnb在华加速布局，非标住宿市场快速发展，不但促进在线旅游住宿市场规模的扩大，也体现了在消费升级和中产阶级崛起的背景下，人们对出游品质的需求逐渐增强，对住宿的需求也呈现出日益明显的个性化倾向。

从在线度假市场来看，艾瑞数据显示在线度假市场占比持续上升，2016年交易规模为974.4亿元，占比为16.5%，较2015年上升0.9个百分点。其中途牛、携程、同程保持前三位置，市场份额分别为 19.4%、19.2% 和 10.0%。在线度假市场中出境游占据半壁江山，交易额占比为 53.3%，较去年上升了 0.7 个百分点，国内游占比 24.0%，周边游占比为 22.7%。随着我国护照"含金量"的持续上升和出境航班的增多，选择出境旅游的人群规模逐年上涨，预计未来出境游市场仍将保持稳定增长，出境游市场占比将持续稳定提高。另外，随着旅游市场从传统的观赏型旅游向体验型旅游的转变，旅游个性化需求增长，自助游份额亦持续上涨。艾瑞数据显示，2016 年中国在线度假市场结构同去年变化较小，在线自助游占比为 56.2%，较去年上升了 0.7 个百分点，在线跟团游占比为 43.8%，较去年下降了 0.7 个百分点。随着经济的发展和国民物质水平的提升，游客的旅游需求呈现多元化和个性化，而跟团游行程相对固定，不能满足人们日益增长的多元化和个性化的旅游需求，因此在线跟团游份额被小幅压缩。

随着自由行、半自由行等个性化旅游形式正在成为潮流，以及用户中长期出游趋势逐渐明显，深度游用户比例增加，出游用户需要完善的目的地信息服务以提前做好出游准备，因而在线旅游目的地信息服务的重要性也在不断加强。在线旅游目的地信息服务是指针对出游用户在目的地的游玩需求所提供的有关目的地景区、餐饮、当地玩乐、购物、住宿、交通等方面的在线信息参考服务，企业基于以上信息服务可为用户提供旅游产品，用户在使用信息服务或完成产品交易的同时可能产生相应社交行为。在线旅游目的地信息服务运营模式可分为三类：大众攻略内容分享模式（如蚂蜂窝旅行网）、生活服务信息整合检索模式（如大众点评网）以及旅游平台精品信息智能服务模式（如携程旅行网）等。劲旅咨询数据显示，2016 年在线旅游投资规模为 924 亿元，投资领域涉及游客行前、行中、行后的信息获取、产品和服务预订以及经验分享等各个环节，市场细分化程度高，其中目的地信息服务领域成为重要的投资领域之一。数据显示，2016 年在线旅游用户出游时使用过的信息服务中，景区占比 69.3%，餐饮占比 58.1%，略微领先交通信息服务，可见随着自助游和深度体验游比例的增加，用户在出游过程中对体验餐饮等目的地日常生活方式的需求也在增强。

## 三、在线旅游的竞争格局

### （一）市场格局趋向稳定

受始于 2015 年下半年的互联网"资本寒冬"的影响，以互联网为代表的新兴投资相对回缩。按照亿欧网统计，2015年下半年有110家互联网旅游融资企业，2016年上半年回落到67家，仅为最高峰的一半，且2016年的融资企业大多为初创企业，融资金额大多在2000万元以下，坚持到B轮以上的融资企业很少。这一年在线旅游创业公司们经历了残酷的倒闭潮，在资本趋于保守、移动互联网红利逐渐消退的背景下，面向普通用户的在线旅游创业公司处境更加艰难，资本的回缩令很多创业团队陷入困境，"淘在路上"等宣布倒闭，是为标志性事件。

经过多年发展，在线旅游行业企业梯队间规模差距明显。纵观2016年整个OTA市场，首先是寡头势力初现。有市场机构将现今旅游消费十大巨头概括为：携程系、海航系、万达系、复星系、首旅系、阿里系、新美大、中旅系、锦江系、腾邦系等十大诸侯割据一方。根据速途监测数据，从国内主流移动旅游APP的下载量分布情况，可以看出携程系占据了整体市场的大半江山：在下载量分布中，去哪儿旅行的下载量接近9亿次，携程旅行、同程旅行的下载量超过5亿次，途牛、艺龙的下载量分别在4.7亿次和2.6亿次，驴妈妈下载量在1.6亿次，阿里旅行的升级品牌飞猪下载量在1亿次，而其他品牌的移动旅行APP下载量均在1亿次以下。艾瑞mUserTrackerTM监测数据亦显示，以用户月有效使用时间占比为评估指标，在线旅游行业企业呈现倒金字塔形结构：头部企业（包括铁路12306、携程旅行、去哪儿旅行）用户平均月有效使用时间超过10万小时，占比为76%，中等企业（包括同程旅游、飞猪、智行火车票、高铁管家、艺龙旅行、途牛旅游）用户平均月有效使用时间超过1万小时，占比16%，其他小企业则不足1万小时，占比不足8%。

由此可见，在线旅游业大部分的营收利润集中在以携程系为首的巨头手里，从现状来看，中国在线旅游市场格局已趋向稳定。预计未来在线旅游行业的投资并购活动仍将持续进行，其中，服务于头部企业整合旅游产业链上下游和出海发展战略的并购活动将成为主流。与此同时，除传统C端产品外，B端产品和企业将成为市场关注热点，而腰部企业的生存空间将进一步被挤压，尽管预计长尾市场仍将有新玩家不断入场，但行业整体结构和格局已经趋于稳定。

（二）行业回归理性竞争

互联网创投整体预冷，让试图通过烧钱、获取用户再谋求盈利的发展路径遇到瓶颈。2016年，尽管营收在扩大，但OTA行业的发展始终被巨额亏损所困扰。以第一季度为例，财报显示位于在线旅游市场第一梯队的携程、途牛亏损呈扩大趋势：虽然途牛的净营收达到 20 亿元，同比增长 62.8%，但归属于公司普通股股东的净亏损为 5.395 亿元，比去年同期的 2.331 亿元扩大超过一倍；携程该季度的净营收为 42 亿元，同比增长 80%，环比增长 45%，然而归属于公司股东的净亏损高达 16 亿元，相比 2015 年同期的 1.26 亿元，亏损扩大了 12 倍。位于第一梯队之外的企业情况也不容乐观，例如驴妈妈的母公司景域文化在 2016 年亏损也高达 4.26 亿元。

多重因素导致了在线旅游服务商深陷亏损。首先，在线旅游企业为吸引线上用户和增加线上流量，加大营销投入，导致获客成本高。其次，主要产品形态仍集中于传统的机票、度假和酒店，同质化竞争明显，加剧了低价竞争；同时，产品仍源自传统批发商之手，压缩了利润空间。此外，各平台间的并购虽然增加了市场占有率，扩大了规模，但其运营和管理成本也随之水涨船高。

因此，在资本市场趋冷、亏损严重的背景下，企业运营效率的提升和盈利能力的增强成为多数创业公司更为看重的指标。与前两年烧钱成风的现象相比，进入 2016 年，在线旅游行业整体向理性回归，无论是已经在市场谋得了一席之地的在线旅游企业，还是进入行业不久的创业者，均将盈利能力放在更加重要的位置上。例如，在 2016 年，同程大幅缩减了在品牌投入上的预算，美团酒旅也开始在各个地区提升酒店佣金。OTA 在酒旅领域的佣金通常为 10%，而美团在涉足酒店行业初期，为了弥补后入场的劣势，争抢酒店资源，曾将酒店佣金设立为 3%，随后上调至 6%，近期更是进一步拉升至 8%~10%，以达到在商业层面提升盈利空间的目的。

### （三）国际化布局加速

随着我国护照"含金量"的持续上升和出境航班的增多，选择出境旅游的人群规模逐年上涨。根据国家旅游局的相关数据，2016 年我国出境游人数达 1.2 亿人次，增长 4.3%。艾瑞数据显示 2016 年的中国在线旅游度假市场中，出境游占据了半壁江山，交易额占比为 53.3%，较去年上升了 0.7 个百分点，预计未来出境游市场占比仍将持续稳定提高。

在我国出境旅游持续火热的背景下，核心在线旅游度假企业纷纷积极布局海外市场。携程先后投资印度在线旅游公司 MakeMyTrip、美国两大地接社海鸥旅游和纵横集团以及英国机票搜索平台天巡，布局印度和欧美市场。途牛在日本、韩国、泰国等十多个国家和地区设立海外目的地服务中心，通过自建海外目的地服务中心以及与当地专业服务商合作，为用户提供更全面的目的地服务和保障。阿里巴巴旗下旅行品牌飞猪在2016年的国际化布局上也是动作频频，先后与美国、新加坡及欧洲的国家和地区旅游机构进行战略合作，并吸引了法国航空、新西兰航空、新加坡航空等二十余家国际航司的入驻，其全年的出境游客服务人次超过了2800万。借助互联网平台的在线度假企业，在出境目的地资讯、交易、服务等方面相对传统旅行社有着天然的优势，预计未来线上线下度假企业在优势互补的情况下合作会更为密切。

# 第六章
## 旅行服务业的创新

## 一、互联网下半场涌现更多创业创新机会

2016年在浙江乌镇闭幕的第三届世界互联网大会，围绕"创新驱动、造福人类——携手共建网络空间命运共同体"的主题进行交流研讨，展示最新互联网技术，推进经贸合作，取得丰硕成果。新华社盘点了大会上最火热的五个关键词——创新、治理、安全、人工智能、下半场，形象精确地概括了本届世界互联网大会的丰富内涵。创新、治理、安全、人工智能这四个概念，在前两届世界互联网大会上也广受瞩目，在本届大会上成为关键词，自然不难理解。"下半场"则是一个全新的概念，它集中了众多与会者对互联网发展趋势的描述与展望。

中国互联网的"下半场"，马云称之为"用好互联网技术者得天下，未来新零售将取代电子商务"，李彦宏称之为"结束移动互联网时代，开启人工智能时代"，周鸿祎称之为"补贴与免费模式不再放之四海而皆准的时代"，李开复认为人工智能的市场价值将超过整个互联网世界……网界精英们说法各有不同，但对于中国互联网正在进入"下半场"，却有着高度一致的判断。中国互联网下半场最本质的特征是什么？最早提出"互联网下半场"概念的美团点评CEO王兴对此概括为：无数创业者和资本涌入的O2O行业，最后跑出来的企业要证明自己能为消费者持续创造价值，开始下半场；中国网民数量，尤其是移动互联网用户数量从快速增长变为增幅趋缓，中国互联网发展基本结束"用户红利"时代，开始下半场；中国经济正在步入新常态，进入这一轮发展周期的下半场。中国互联网"转场"与中国经济转型基本同步，这一本质特征意味着，进入下半场的中国互联网，将与步入新常态的中国经济一道，从更多享用"人口红利""用户红利"转为更多依靠创新驱动，从过去粗放型、扩张式高增长转为追求集约型、内敛式均衡增长。中国互联网进入下半场，也将从互联网占主导的"互联网+"模式，转为互联网与实体产业深度融合，为实体经济提供更优化的纵深连接和更优质的全方位服务。

与"下半场"论相佐证的是，互联网创业繁荣背后的一地鸡毛。在资本盛宴的推动下，创业曾经成为一场运动式的狂欢，获得融资成了企业的商业模式。但即便坐拥海量用户，估值动辄以亿计算，仍不能改变多数互联网公司尴尬的现实——不赚钱。而已经持续近一年的资本寒冬，则让大量虚假繁荣的公司原形毕露。裁员，削减开支，收缩规模，估值下跌，兼并收购，甚至关门大吉，市场弹指间从"疯狂"转向了"恐惧"。据不完全统计，到2016年10月初，创业公司倒闭总数就达到2500家，已超过创业总数的10%，其中不乏首轮获资过亿的明星公司。去年高调"生态化反"的乐视，也在"下半场"遭遇了前所未有的资金危机，成为此轮互联网泡沫的一个标志性事件。

当互联网的虚拟经济泡沫破灭并逐渐回落到理性的同时，实体经济呈现出复苏的萌芽，中国经济增长由落转稳的信号已经比较明确。与此同时，"十三五"时期中国重点布局战略性新兴产业，生物、绿色低碳、高端装备、新材料等多个"十万亿级"新兴支柱产业正在蓬勃发展。这说明中国实体经济在经历了短暂的低迷后，正在有走向复苏的迹象。当前中国正在经历供给侧改革，产能升级的阵痛期。这就像一场马拉松，虽然实体经济现在跑得很慢，甚至很吃力，那是因为还处于磨合期，一旦各项机能调至最佳，后程优势就会逐渐显现出来。事实上，当互联网开始向传统行业渗透成为趋势之际，中国很多实业家正在通过不断学习把互联网思维应用到自己的产业和产品中去。他们通过技术与商业模式的创新，对传统企业进行的大刀阔斧的变革，为企业迎来了第二次"生命"，许多有活力的新实体领域正蕴藏着巨大的机会。携程执行董事长梁建章认为中国经济的下个阶段是服务业的黄金期，大而全的品牌的消费频率的优势会被弱化，专注于某一产品或者某一客户群的品牌会更具生命力，互联网下半场，虽然很难出现巨无霸平台的机会，但是会不断涌现丰富的创业和创新机会。

（一）内容互联网

内容互联网满足人们精神消费的数字内容，比如直播、短视频、个性化资讯，等等。内容互联网已成为跟人工智能并列的新风口，今日头条能够与美团点评、滴滴出行并列，也是乘上了内容东风。内容互联网跟互联网一样古老，进入"下半场"，个性化技术、IP、视频变得重要起来，内容不再只是简单的数字化，而是互联网+内容。以电影平台为例，上半场的电影平台是单纯的影评信息平台如豆瓣，下半场的电影平台就是猫眼这样的打通影评社区、购票选座、

IP 孵化、宣发营销、数据服务的互联网+电影平台。下半场将更追求产业纵深。

**（二）互联网+产业**

中国互联网市场的人口红利已退去，接下来将需要与产业结合，通过互联网促进供给侧改革，来形成下半场新的增长。美团点评作为吃喝玩乐平台不断与产业结合推动商家升级服务来更好地满足用户需求；猫眼电影与影业公司合作打造更多更好的电影，与电影院线合作提供更好的影院服务；滴滴出行与租车公司合作提供优质安全便捷的出行服务，考虑更安全、环保和高效的无人车；阿里巴巴推动制造品牌一起为天猫用户制造更好的产品，努力让海外优质商品进入中国市场，等等。互联网与产品产业的深度融合，通过刺激和消费升级，加快了供给侧改革的进程。

**（三）全球化**

随着互联网进入下半场，智能技术为主的硬科技、与产业结合的"互联网+"，以及互联网内容产业渐成主流，小米、BAT 已纷纷到海外拓展市场，猎豹在发布财报时则表示要将中国内容产业的模式移植到海外，今日头条们也在进行全球化布局。眼下的主流互联网应用，包括 O2O、社交、移动支付、移动电商、直播以及个性化资讯平台等，中国公司都探索出了"中国式"套路。在共享出行、自动驾驶、人工智能这些相对新的应用中，我们的业务丝毫不比硅谷公司差。

## 二、渠道下沉趋势明显，线上线下持续融合

公开数据显示，截至 2016 年底，中国传统旅行社共计 28 097 家，增长率为 1.7%，传统旅行社仍然保持缓慢增长状态，而当前在线旅游渗透率为 12%，还处于较低水平。互联网时代，面对激烈的市场竞争，传统旅行社在转型之路上不断创新。受"互联网+"的深刻影响，以及来自线上旅游平台的威胁，线下涉旅游企业不断在互联网上寻求机会，通过涉足互联网扩大自己的优势，提高竞争力。2016 年岭南集团旗下企业广之旅宣布该社旗下智慧旅游服务平台"易起行"正式上线。据悉，该平台是首个传统旅行社打造的开放的智慧旅游服务平台；致力于高效整合广之旅、全球供应商和消费者等多方资源，覆盖全渠道旅游产品，助力旅行社线上线下融合发展。从传统旅行社到"旅游+互联网"的战略转型中，易起行将成为广之旅从区域龙头，到实现全国多市场组团、多

口岸出发、多个签证中心的网络布局，再到提供全球化一体化产品和服务的重要平台。广之旅打造易起行智慧旅游服务平台，致力于高效整合广之旅、全球供应商和消费者等多方资源，优化客户体验，为个体消费者和团体客户提供全方位旅游信息感知、一站式旅游服务体验。"易起行"平台成功上线后，将搭建涵盖门店、呼叫中心、PC端、移动端的多终端营销体系，实现旅行社服务O2O融合创新。

随着在线旅游市场的日趋成熟以及线上流量红利的消退，在线上格局已趋向稳定、线下市场相对分散的情况下，OTA逐渐意识到：线下旅行社具备独特的优势，很难被互联网颠覆和消灭。通过布局线下，一方面可以加强对OTA旅游资源的掌控，降低运营成本；一方面能够拓展线下市场，拉拢线下消费者；同时在服务上加大投入，提升服务质量留住客户。收购线下旅行社、加大线下直采力度，都能使OTA加强对资源的掌控。另外，增设线下服务中心，布局线下门店，有助于OTA拉拢线下顾客，以及加强旅行服务。以途牛、携程为代表的OTA平台不再满足于在线市场的博弈，而是调整战略布局，纷纷设置体验中心和门店，加快对上游资源端的渗透，强化线上线下的融合，渠道下沉成了热门趋势。

**（一）OTA+旅行社**

1. 阿里"结盟"春秋

2016年1月底，阿里旅行与上海春秋国际旅行社（集团）有限公司结成战略合作伙伴。春秋旅游是老牌传统旅行社，背靠春秋集团的航空资源以及30多年深耕国内外旅游市场的经验，无论是在市场布局、产品开发还是目的地资源把控上都较成熟。阿里旅行作为阿里巴巴旗下企业，在流量、金融等方面具备优势。双方的深度合作被看作"强强联合"。

2. 同程收购旅行社

2015—2016年，同程相继收购南通辉煌国际旅行社、上海美辰国际旅行社、广州创游国际旅行社。同程旅游提出了"线上＋线下"融合发展的道路，通过"大数据＋人"的战略深耕非标品旅游市场。其中，"大数据"依托的是同程旅游的互联网技术、庞大的流量入口和大数据基础，而"人"则是通过落地战略让旅游顾问成为链接1亿中产阶级的重要渠道。

3. 携程控股旅游百事通

2016年，携程布局线下的步伐加快，与旅游百事通签署战略投资合作协议，实现对后者的完全控股，并在产品库建设、资源采购、销售渠道等多个方面展开全面合作。旅游百事通是国内营业网点与组团量排名靠前的线下旅游连锁渠道，拥有超过5000家实体门店，收购旅游百事通使携程获得了强大的线下渠道。携程在旅游百事通的门店中开设有双品牌"携程·旅游百事通"，从而推进携程品牌的落地以及线上线下销售的联动。旅游百事通精耕线下渠道多年所形成的流量生态和管理体系是携程战略投资的核心原因。两大旅游企业的整合是线上线下融合的典例，将对中国的度假旅游竞争格局产生深远的影响。

### （二）OTA+门店

在不少传统旅行社争相"上线"的时候，也有许多OTA选择"落地深耕"。门店除了承担销售功能之外，还有营销、形象展示和顾问咨询等作用，可以提升顾客的消费感受和黏度。

1. 线下门店纷纷落地

2017年，携程旅游发布消息，其北京地区第一批近30家线下门店将正式开门迎客，并且计划今年在全国各地新增1000家线下加盟店。近几年，为落实个性化精准服务，抢占线下市场份额，OTA（在线旅游机构）开始大力布局线下门店。大街小巷中也越来越频繁地出现大家熟悉的OTA品牌实体店，每个实体店的专修风格独具品牌特色，浅蓝色调为主的"去哪儿"，橙绿相间的"同程"以及即将要大规模出现的深蓝色为主的"携程"门店。OTA的劣势在于产品质量管控；布局线下，核心在于提高服务质量。

2. 途牛区域服务中心

途牛旅游走到线下以建地面区域服务中心为主，途牛自2015年以来亦加速O2O战略布局，先是收购了中山国旅和经典假期两家旅行社，然后投资了打包旅游产品批发商五洲行，途牛彻底打通了线上线下资源。目前已在全国范围内拥有200多家区域服务中心，基本完成一、二线城市全覆盖，其扩张重心已延伸至三、四线城市。通过区域服务中心的大力建设，消费者对途牛品牌的认知度日渐增强，强力拉动了业绩，进一步扩大了途牛的在线休闲旅游市场份额。区域拓展还让途牛获得了新的竞争优势，途牛能为消费者提供线上线下相结合的更为优质、完善的服务体验和保障，形成独特的差异化竞争力。

3. 同程区域运营中心

2015年同程启动"总部+6大区域中心"落地战略，成立华南、华北、华东、华西、华中、东北六大区域运营中心，并在全国近30个地级市设立了城市运营中心，前同程已在全国拥有200多个城市布局，线下体验店超过3000多家。主要目的在于一方面通过总部和六大区域中心联动的模式深入到各地市场，另一方面借助自身平台和大数据优势提供方法论，用人来连接人。按照同程的理解，各个区域的门店数量越多，连接用户的"节点"也就越多。

从未来的趋势来看，构建线上线下相结合的业务模式是在线旅游企业近几年发展的重心。在线旅游平台进入到上游资源端有利于保障整体业务的稳定性，带动收入增长。与上游供应企业的相互渗透可以避免因与上游企业关系不好而出现断购的情况，有效降低了企业的运营风险；同时，进入供应上游，可以提高直采比例，实现直采、销售一条龙的策略，带动毛利提升，当直采规模扩大到一定程度时，议价能力更强，资源获取能力也会增强，从而提升利润空间。在线旅游平台应进一步整合整个产业的价值链，根据游客的兴趣进一步细分市场，精准对接游客，提供个性化的旅游产品，满足用户深度化的体验需求，从而提高相关在线旅游平台及产品的用户黏性，实现在线旅游市场的良性盈利循环。

## 三、大旅游生态圈趋势日益明显

随着旅游形态升级，在多元化度假旅游阶段，自由行和大旅行需求逐渐增强，从吃喝玩乐到衣食住行，无不可囊括其中。因此在线旅游企业的工作重心从机票、酒店、景点这些相对标准化的产品，逐渐转向在出游过程中的细分用户需求，如地方菜、土特产等消费增量潜力巨大的方面。例如，2016年12月携程宣布推出独立餐饮品牌携程美食林，意味着携程正式进军餐饮信息服务行业，布局目的地美食。通过15 000名美食猎人、500名专业评委、17位理事会成员、编辑团队等组成餐馆评审及推荐机制，携程美食林致力于以华人标准为中国旅客推荐全球旅行目的地的特色餐饮，满足中国旅客对美食的不同需求。携程还参与了如家与首旅集团的合并交易，交易完成后携程成为首旅酒店重要战略投资者之一，双方以此为基础开展了一系列基于酒店服务业的线上线下合作，帮助双方取长补短并提高首旅酒店的市场竞争力。2016年，美团点评双平台酒店间夜量超过1.3亿，门票销售6700万张，机票销售200万张，火车票800万张。其中，为美团盈利做出最大贡献的是住宿业务：通过帮助高星酒店把自助餐、亲子场景的休闲服务产品线上化等方式，美团点评成功挖掘了除住店之外更多的利润点，帮助酒店拓宽了其业务版图，也因此实现了自身盈利的最大突破。

旅游产业具有跨行业的综合复杂性以及多环节配合的服务消费特性，旅游产品之间的相互依赖非常强，需要服务链各个环节的提升与质量保障。因此，旅游产业更多地表现为一种"以旅游业本身所包含的行业为基础，关联第一产业、第二产业及第三产业中的卫生体育、文化艺术、金融、公共服务等相关行业的泛旅游产业结构"。

**（一）旅游+游憩行业**

1. 游学旅游

近年来，游学旅游市场不断细分，除了为人熟知的低龄游学，成人游学也逐渐兴起。大学生、白领一族为了适应激烈的学习工作竞争，通过游学提升自己，成为一股潮流。低龄游学"学"的比重较大，成人游学则更多地结合了游学和旅游的特点。游学市场的不断细分，使旅行社或其他旅游企业针对成人游学、大学生游学以及中小学生游学的产品更具针对性，满足不同消费者的需求，更具市场竞争力。

2. 邮轮旅游

邮轮经济涵盖产业、旅游、港口建设、商业配套等多个领域，游轮旅游是其中重要组成。中国邮轮旅游经过近十年发展，现已步入黄金发展期。中交协邮轮游艇分会统计数据显示，2016年我国天津、青岛、上海等11大港口城市共接待邮轮1040艘次，同比增长61%，其中母港航次927航次，同比增长72%。11大港口城市接待邮轮出入境中外旅客人次同比增长84%，中国的大型邮轮旅游业前景广阔，发展迅猛。

3. 冰雪旅游

冬奥风口下，冰雪旅游产业链的创新想法和模式也在提速布局。"冰雪旅游+体育""冰雪旅游+文化""冰雪旅游+民俗"等模式已然逐步成熟并具备在多地模式复制的条件。张家口市作为冬奥会的主战场，在"冰雪旅游+体育"上先力先行：张家口万龙滑雪场已承接多项冰雪旅游赛事，包括中国高山滑雪巡回赛、首届京津冀大众山地滑雪公开赛等。2017年万龙在现有配套设施的基础上，滑雪场新建高速缆车一条、龙宫酒店、盛龙公寓小区等项目，项目全部投入使用后可由2016—2017年雪季日接待量1.2万人，增加至日接待量2万人。

4. 低空旅游

近年来，海南、四川、河南、云南、浙江等地也都积极尝试开展空中游览业务。2016年是政策红利的释放之年，航空旅游体系在不断构建，自航空飞行营地概念的提出到布局"200公里航空体育飞行圈"，再到建设航空飞行营地示范工程，国家对于低空旅游的顶层设计在不断的完善过程当中。截至2016年，已建成并命名航空飞行营地100家，航空俱乐部200家，航空运动开展地域和消费人群覆盖面不断扩大。2016年山东省临沂市费县许家崖飞行营地建成，是我国第一批15个航空飞行营地示范之一产业体系化，融入飞行元素，再造乡村发展之力，全域统筹发展。

**（二）旅游+接待行业**

1. 海航参股希尔顿

2016年，海航集团、黑石集团及希尔顿酒店签署协议，海航集团将从黑石的关联公司收购希尔顿约25%的股权，交易总价约65亿美元（约合人民币440亿元），预计将于2017年第一季度完成。在此之前，海航集团已经先后参与投资了多家海外酒店资产，而除了酒店，航空、地产等优质资产也都是海航近年来海外投资的标的。海航此举意在将旅游产业链打通，以航空运输、旅行社、酒店、金融及支付、技术等产业为基础完善一站式旅游服务，并将地区性航空公司以及海外参股的航空公司资源整合起来，加速"大旅游"产业的布局。

2. 春秋牵手开元

2017年，春秋集团和开元旅业达成战略合作，集中双方优势资源，共同推进酒店、旅游、航空、景区以及旅游地产等相关产业发展，全力打造集酒店、旅游和航空资源为一体的，具有新概念、新技术和直连直销功能领先的会员联盟。首要目标是做大酒店业务，打造拥有3000万会员的酒店航空直销联盟，为客人实现旅游、航空与酒店的无缝对接，提升顾客满意度，为双方会员和客人提供更有价值的旅行体验。

3. 途家"3+1"战略

途家从消费者、经营者、置业者和区域化这四个维度实施2017年的战略动作，其中包括聚焦用户体验的产品服务升级、基于经营者的多平台一键管理和途管家产品、基于可经营地产的两大解决方案、全域旅游导向的片区合作等多项内容。产品与服务是赢取用户的核心竞争力，这是途家2017年战略发布中率先强调的内容。尊重用户习惯，共享行业库存；完善用户入住前、中、后期的立体化服务；升级信用，无忧"安心住"；三大产品升级战略提升旅游者服务体验。

### （三）旅游+交通行业

**1. 同程欲建航空公司**

2015年，同程在京召开发布会，宣布若干动作，并提出大胆的设想：筹建航空公司。这是一个四步走的策略：①组建团队，②包机或切位，③虚拟航司，④同程航空，目前同程旅游已经完成了第一步。对这样一个高投入的事情，吴志祥表示，初期同程旅游要做的是基于一年200万张的机票销量，梳理用户需求，帮助航空公司调配运力，制订相应的包机计划，然后通过同程完成分销。

**2. 吉祥航空涉足休闲旅游**

2015年，吉祥航空与移动旅游平台淘在路上等签订协议，共同出资成立上海淘旅行网络科技有限公司，通过整合机票、酒店和目的地商品等建立"机+X"休闲旅游平台。"X"包括游览、交通、娱乐、餐厅等各项目的地碎片化服务。吉祥航空是淘旅行重要的机票供应商，但供应商不止于吉祥航空，而是个开放的平台。淘旅行的模式是以大交通为切入点，结合休闲度假游，打掉中间环节，也是自由行的一种变体。

## 四、旅游与互联网深度融合

智慧旅游是当今在线旅游行业的创新热点。通过对游客大数据的挖掘分析，资源供应商能够实现精准营销、舆情监测和景区智能化管理等目标，旅游平台能精准匹配产品供需、优化库存，目的地信息服务企业也能够根据用户来源、消费偏好等及时更新产品内容和服务。例如，2016年飞猪（阿里旅行）的未来酒店概念实现了落地，新投入应用的产品包括信用住和刷脸入住，其加盟的酒店可以实现全部线上结算，部分用户可以免押金、免查房、免排队，甚至先消费再扣款，这些便利服务的背后，是阿里支付宝积累的用户信用大数据在做技术支撑。又如，基于大数据技术的途牛火车票开放平台和京东火车票于2015年底同时上线，开放平台上除了查询、预订、出票、退改等基本功能外，还提供了抢票、纸质票以及各类增值服务。2016年，平台上已积累了多家知名企业和数量不菲的中小企业，途牛火车票开放平台的出票量始终保持着每月90%以上的增长速度，业绩斐然。

在在线旅游业领域，基于用户大数据对消费场景的升级，使旅游消费从核心资源向外圈层拓展，场景化和IP化带动旅游体验从视觉到内心体验的转变，旅游产品同内容和科技深度融合的趋势明显，衍生出诸如娱乐化、旅游直播和VR+旅游等多种新型旅游产品。在各行各业都开始大打IP牌之际，旅游业的IP时代也已悄然到来。2016年，同程旅游宣布参股年假旅行，成为其第二大股东。这是自同程旅游自制IP剧《世界辣么大》之后，在深化IP战略方面的又一重要投资布局。途牛旅游也宣布将2016年定义为途牛的"娱乐元年"，将建立与青年导演编剧合作影视剧IP开发的共享平台，途牛影视同云南广播电台联手打造首档真人秀节目《出发吧我们》，利用真人秀形式营销旅游产品，激发用户的旅游灵感，从而更好地传播企业品牌，提高转化率。途牛影视还与花椒开展直播战略合作，共建旅游直播频道，同时也打造《超级自由行》和《牛大嘴》两档旅游节目，此类OTA同直播企业的合作，能够利用网红的影响力打造同款旅游产品，进而提高转化率。同年2月，驴妈妈宣布与华策影视展开跨界合作。华策影视将斥资2.5亿元认购其中的450万股，认购完成后占景域文化发行后总股本的4.31%。在VR+旅游方面，暴风科技已与澳大利亚旅游局展开合作，对澳旅的VR视频进行线上传播。VR同旅游的结合能全方位展示旅游产品，让用户近距离体验目的地，达到刺激用户的旅游出行需求的目的。旅游科技如VR、AR、AI等在在线旅游企业中的应用，能够持续优化改善用户体验，是在线旅游企业未来布局的重要方向。

## 五、创新型旅游金融产业涌现

旅游与金融的融合要追溯到美国运通公司（American Express）。运通公司针对世界范围内的旅游与旅行者的金融服务需求，通过嵌入旅行生活场景为客户提供特色产品和优质服务，成为生活服务业的世界翘楚。其面向旅游与旅行服务的特色金融服务谱系包括旅行现金卡、现金护照、信用卡、境外服务、积分卡和旅游保险，运通模式取得了巨大的成功。近年来，随着国内旅游业的迅猛发展和旅游消费的持续增长，国内金融机构和旅游企业逐渐意识到旅游与金融融合的广阔的市场前景，掀起了旅游金融的发展热潮。目前，旅游金融涉及主体主要有银行、OTA、投资机构等，涉及业务主要有旅游消费贷款、旅行支付、旅游分期、旅游理财、旅游保险、旅游投资等，主体之间既有合作又有竞争，提升旅游服务质量，提高企业利润率。

**(一) 银旅携手**

在旅游组织散客化、互联网应用广泛化的背景下,以兴业银行、中国银行为代表的金融机构率先介入旅游市场,通过签证背书、签证代理、附属保险和境外救援等项目为中高端客户提供金融增值服务,涉及旅游贷款、旅游保险、旅游分期业务,从而获得银行零售业务的高速增长。银行主要以两种姿态进军旅游分期市场,一种是旅游贷款产品,如兴业银行的"随兴游"和平安银行的"新一贷"等;另一种是与线上旅游网站或旅行社进行合作推出专属特惠金融产品,最常见的做法是与银行联合推出信用卡优惠活动,"刷指定信用卡有优惠"已成为旅行社揽客的重要手段。此外,随着高端财富群体的日益扩大,各商业银行纷纷开设了私人银行业务,通过发放旅游卡等方式的旅游互联网金融产品也成了部分银行运用自身的资源维护老客户、吸引新客户的新方式,例如工商银行、建设银行和农业银行等推出旅游专属信用卡,持卡游客能享受到报团分期付款、出境消费免利息或手续费等金融服务。

国内第一家旅游专业银行——中旅银行的横空出世,标志着旅游金融领域战争即将打响。中旅银行致力于旅游与金融的结合,加大旅游产品研发力度,推出特色产品,例如景区门票收益权质押贷、景区股权质押贷、旅游项目开发贷、景区设备维修贷、酒店建设和经营性物业贷、旅行社周转贷、旅游农家贷、旅游文化街区建设贷、房车营地建设贷等,致力于建设最具旅游金融特色的区域性商业银行。相关信息显示,中旅银行加强了与中国旅游集团内部的港中投、酒店管理公司、资产管理公司、融资租赁、旅行社对接,探索"金融+酒店""金融+景区"模式。数据显示,截至2016年9月末,产融结合项目批复7户,金额22亿元。各种迹象表明,2017年的中旅银行会推进旅游银行部准事业部制改革,围绕"i旅游"卡和"星旅通"两个转,会是重要选择。

**(二) OTA 进军旅游金融市场**

近年来,OTA 巨头在旅游金融领域表现出非常积极的发展态势。业内人士认为,OTA 在价格战中均有不同程度的亏损,为了弥补损失,寻找新的盈利点,OTA 将目光投向旅游金融市场,通过向旅游者提供金融服务提高利润率,实现流量高效变现。OTA 在旅游金融市场主要涉及旅游分期、旅游理财、旅游保险、出境金融等业务。

携程曾推出礼品卡优惠套餐产品"程涨宝"和"携程宝",有旅游计划的用户购买不同期限的产品到期会有不同的返利优惠,获得的返利收益将提升用户的出行体验；为出境游客提供外币兑换；进行保险代销，包括旅游保险、意外险、健康险、个人财产保险等。2016年，携程成立金服业务板块，联合万事达卡推出的"携程万千赏（Ctrip Traveler Rewards）"平台，面向中国大陆地区的万事达卡持卡人，通过携程金服所专享的海外购物消费奖励，该平台旨在为用户提供旅行金融服务。未来，针对中国游客强劲的海外购物消费力，携程金服计划开通外汇、退税等服务。携程和去哪儿资本联姻后，在北京联合启动战略保险平台，用大数据的深度挖掘与自动化运营提升保险领域的行业效率和服务水平。旅游金融将是携程未来力拓点方向，通过向消费者提供金融服务，提升利润率，拓宽旅游服务的广度和深度，提升服务质量。

去哪儿网在旅游金融市场主要涉及旅游理财、旅游分期、旅游保险、出境金融业务。互联网理财产品如趣游宝，实质是代销货币基金；旅游分期产品"拿去花"，主打先消费、后付款模式，用户最长可以享受45天还款免息期，最高分期额度为1万元，功能类似银行信用卡；在出境金融业务中，去哪儿联合中信银行推出了一款新型存款证明，简化了出境游申请存款证明的烦琐程序；进行保险代销，包括旅行险、车险、健康险、趣味险等。

途牛涉及旅游理财（途牛宝、牛稳赚）、旅游分期（首付出发——支付首付即可出发，余款分期支付）、出境金融（牛担保、第三方保证金、资产证明、购物退税、牛对兑）、保险代销（旅行险、意外险、健康险）业务，驴妈妈涉及旅游分期（小驴白条、小驴分期）、出境金融（外币兑换、保证金、存款证明）业务，同程旅游涉及互联网理财（同同宝）、旅游分期（程程白条——免息分期旅游服务，在该网站购买出境游产品时，可享受先出游、后还款的免息分期服务）业务，同程旅游还于2015年在京启动出境游全面进军口碑时代——"双十亿计划"，拿出10亿元资金支持供应商发展，另外10亿元补贴出境游用户。

OTA更偏好布局互联网理财和互联网保险。OTA互联网理财业务中以代销货币基金为主，比如途牛的途牛宝产品与汇添富基金合作，去哪儿的趣游宝产品与鹏华基金、天弘基金等合作。另外，OTA通常与传统保险公司合作在互联网平台代销其产品，例如途牛代销新华保险、平安保险、安邦保险产品等。出境金融领域主要提供外币兑换、存款证明、退税等金融服务。旅游分期产品更是种类繁多。除了OTA，旅行社、航空公司、金融公司等也在旅游金融市场频频发力。2016年初海航旅游打造的旅游金融与支付品牌——易生金服在北京宣布正式成立。易生金服整合了海航旅游集团内部的金融资源，以"旅游+金融"

为切入点，旨在构建起完整的支付产业生态链和生态圈。又如京东金融推出的旅游白条，海航集团的51分期，北青旅的分期游，南航的机票分期——南航白条，阿里的"支付宝"，腾讯的"微信红包"等都为游客的出游带来了极大的便利。涉足互联网金融，并结合旅行业务能够为用户提供更多的增值服务，可以提高用户黏性，使公司业务更加多元化，也有助于形成新的利润节点。

旅游金融产品门槛低，模式单一，即使模式创新也很容易被复制，产品层面很难存在竞争力，而旅游金融的普及需要产品创新的支撑，因此加大对旅游金融产品的创新显得尤为重要。金融产品的风险控制也是考验旅游和金融两者结合的难题。易观智库日前发布的《中国互联网旅游金融市场专题研究报告2015》认为，未来互联网旅游金融市场将进入高速发展时期，并从打造服务闭环向构建资金闭环发展。与此同时，基于征信体系的风控机制构建将成为竞争重点。无论是拥有雄厚实力的传统旅游集团，还是新晋崛起的在线旅游巨头，抑或是自有生态体系的互联网公司，金融产品背后的风险控制，是制约互联网旅游金融发展的关键。

## 六、旅游服务企业深耕服务价值

旅游本质是对人的价值的尊重、满足和再提升。近年来，中国旅游市场环境和消费环境迎来巨大改变，之前游客将旅游当作是奢侈消费，旅游本身就能够带来极大的满足感。但随着人们消费水平的提升，旅游已经从开始的"高高在上"走入寻常百姓家，随着游客出游频次的不断增多，对旅游产品的品质要求也越来越高。特别是互联网的发展使得旅游产品的营销方式发生了巨大改变，旅游信息不断走向透明化，游客对于旅游产品的好坏具备了一定的甄别能力，而产品点评体系又给了游客信息共享能力，旅游产品的客户体验及口碑变得越来越重要，以前旅游行业所设立壁垒全都不存在了，中国旅游市场已经迈入一个拼服务、拼感受、拼体验的时代。

当前，资本市场越来越承认旅行社服务的高市盈率，消费者也越来越认可旅游服务的综合价值。不论旅游服务业的产业链如何扩张，旅游的本质依然是产品和服务。深耕服务价值，给游客带来更优质的旅游体验，是旅游服务业发展的重中之重。在供给侧、需求侧双侧改革的宏观背景下，在互联网、移动互联网技术快速迭代驱动下，在旅游消费需求不断升级的鞭策下，未来无论是

"旅游+互联网",还是"互联网+旅游",企业更应该加强旅游品质,让客户能够有更好的旅游服务感受和旅游服务体验,唯有服务才是王道,才具有永远立于不败之地的永恒价值。

2016年,中青旅控股股份有限公司凭借"用心陪伴、持续优化,以标准化为工具提升旅游服务质量"的管理模式获得中国质量奖提名奖,成为进入中国质量奖获奖名单中的唯一一家旅游服务企业,连续两年荣获旅行社服务业工信部中国品牌力指数第一名。作为中国旅游行业的领军企业,中青旅基于"人对人服务"的旅游行业特点,坚持"做规范很吃力、做规范不吃亏"的朴素认识,秉持"用心陪着你"的品牌信仰,坚守"质量是公司的道德、质量是公司的修养、质量是对客户最大的尊重"的质量理念,探索出了一套"用心陪伴、持续优化,以标准化为工具提升旅游服务质量"的质量管理模式。与此同时,中青旅遨游网荣获"2015中国旅游服务贡献奖",中青旅遨游网坚持"正品行货、中高端定制、创意主题"的方向,坚持"做服务很吃力,但做服务不吃亏"的理念,在服务质量体系提升上,在原购物承诺、安全承诺基础上,针对用户痛点推出到家服务、专业陪签服务等。遨游网首席品牌官徐晓磊还认为服务界面的无限贴近、服务内容的不断创新、服务品质的持续坚守,成为中青旅遨游网确保旅游服务品质持续升级的三重保障。中青旅遨游推出"遨游钻级体系",对旅游产品的住宿、航班、领队导游等方面均有明确分级标准,在此标准下,消费者可以一目了然判断产品等级,对鱼龙混杂的旅游产品供给市场注入了一股清风。

2016年携程凭借"一切以消费者为中心"的服务理念,为消费者打造"放心的服务",一举斩获"2016年度客户口碑最佳客户联络中心"、2016年客户管理"工匠精神"奖章奖项。携程制定了标准化流程和严格的服务指标,打造业内领先的"标杆式"服务。比如,携程"用制造业的标准来做服务业",在旅游业内率先实施六西格玛管理方法,保证产品服务率在99.99%以上。2016年携程还上线旅行顾问,携程将深耕多年的全品类产品库共享给旅行顾问,让他们凭借自身的专业能力,先替游客在海量的旅游产品中筛选组合出所需的个性化产品,并提出旅游建议,实现经验互助。让值得信任的"人"和优质的"服务"始终贯穿在整个商品,从前期咨询到消费、到售后的全部过程,这种销售模式真正实现了人与服务的连接。

## 七、旅游投资领域边界更加模糊

目前，旅游业已经成为投资并购和大众创业、万众创新最为活跃的领域。据全国旅游投资项目库数据显示，2016年全国旅游业实际完成投资12 997亿元，同比增长29%，比第三产业和固定资产投资增速分别高18个百分点和21个百分点。在我国经济下行压力加大的情况下，全国旅游投资继续保持逆势上扬的态势，成为社会投资热点和最具潜力的投资领域。2016年，全国旅游投资依然延续了民营资本为主、政府投资和国有企业投资为辅的多元主体投资格局。民营企业投资旅游业7628亿元，占全部旅游投资的58.7%，主要投资大型综合类文化旅游项目；政府和国有企业对西部地区旅游投入的比重相对较高，投资相对集中于旅游基础设施、公共服务设施以及旅游村镇类项目。此外，2016年旅游景区项目投资继续增加，实际完成投资7371亿元。传统旅游投资模式外，创新型旅游投资方式不断涌现。截至2016年11月，旅游行业项目PPP投资数量592个，占PPP投资项目总数的5.7%，总投资额6115亿元。PPP投资成为推动地方旅游基础设施建设和新业态项目建设的新型旅游投资模式。

国家开发银行、各大商业银行和股份制银行旅游项目贷款的额度不断增长，一批专注于旅游投资的机构也开始发力：中信产业投资基金以资源型项目的股权投资为主，投资了包括陕西旅游集团、开平碉楼、白石山、富国海底世界在内的众多旅游项目；远东宏信有限公司把旅游作为重要的战略投资方向，主要通过融资租赁和债权投资为重资产旅游项目提供资金保障；中国民生投资有限公司旗下的投资平台中民投资本管理有限公司，集中精英团队加大对旅游产业的研究力度，未来必将是旅游投资的主力军之一。与此同时，以港中旅、中青旅、携程、海航、万达、海昌、首旅、申迪为代表的产业资本也在组建专业银行、财务公司、基金公司和专门的投资部门，更多成长性的公司如途家、凯撒、众信、途牛、同程、蚂蜂窝则通过IPO、新三板等途径加快与资本市场的对接。

值得关注的是，由于旅游产业投资的边界开始趋于模糊，那些面向本地市民生活服务的企业，如美团、大众点评、滴滴打车、神州专车也开始为游客提供服务，而原本面向游客服务的企业也开始介入本地市场的休闲生活资源。在共享经济和大众旅游叠加效应影响下，旅游投资正在迎来新一轮的高峰。

# 第七章

## 专题研究：旅游服务质量标杆企业经验

## 一、政策背景

为贯彻落实国务院《质量发展纲要（2011—2020年）》和《国务院关于加快发展旅游业的意见》，根据《质检总局国家旅游局关于开展"旅游服务质量对比提升"活动的通知》（国质检质联〔2013〕141号）要求，质检总局、国家旅游局自2013年开始联合开展了"2012年度全国旅游服务质量标杆单位"遴选工作。按照"自愿申报、逐级推荐、择优选取"的工作方式，经各地旅游部门和质监部门推荐，确定了全国旅游服务质量标杆单位。

2016年，为贯彻落实十八大提出的"把推动发展的立足点转到提高质量和效益上来"和十八届五中全会提出的"创新、协调、绿色、开放、共享"发展理念要求，进一步规范旅游服务质量提升工作，推动旅游服务向优质服务转变，促进旅游行业持续健康发展，根据《国务院关于印发质量发展纲要（2011—2020年）的通知》（国发〔2012〕9号）、《国务院关于促进旅游业改革发展的若干意见》（国发〔2014〕31号）和《国务院关于积极发挥新消费引领作用加快培育形成新供给新动力的指导意见》（国发〔2015〕66号）的有关要求，国家质检总局、国家旅游局联合印发《旅游服务质量提升工作规程》，明确服务业质量提升工作路径方法与政策举措，把旅游服务质量提升工作推向制度化、规范化、长效化的轨道。此后，国家旅游局办公室、质检总局办公厅2016年又联合印发了《关于开展旅游服务质量提升工作的通知》，正式启动第3届全国旅游服务质量标杆单位遴选和旅游服务质量标杆培育试点工作，部署了全国旅游服务质量对比提升活动。

与往年相比，2016年的旅游服务质量标杆单位遴选活动有4大创新：一是取得了标杆的引领示范作用，全国旅游服务质量标杆单位应认真总结、分享服务质量管理经验，传播先进质量管理理念和方法，面向中小服务企业举办免费质量培训，为"大众创业、万众创新"提供质量技术支撑；二是突出了行业的整体效应，首次对旅游服务质量标杆培育试点单位提出了提升质量管理水平、加大品牌建设力度、提高服务创新能力、完善标准规范体系、增强企业质量素质和实施质量提升计划6大主要任务和目标；三是强调了质量的社会共治，质检总局和国家旅游局将在质量自主声明和社会监督平台旅游板块对外公布旅游服务质量标杆单位和标杆培育试点单位公示名单，并公示其服务质量承诺和执行标准，设立监督电话和邮箱，接受社会各界监督，受理社会各界对企业违反承诺的反馈；四是建立了动态的退出机制，对于申报材料不实、未公示和未履行承诺、服务质量水平明显降低、消费者投诉剧增或居高不下、未能持续推进质量提升的单位将分别取消"全国旅游服务质量标杆单位"称号和"全国旅游服务质量标杆培育试点单位"资格，此项动态管理将始终着眼于打造中国旅游服务的第一梯队。

## 二、代表性企业和社会影响

全国旅游服务质量标杆单位遴选工作目前已经开展了三次（见表7-1），遴选出的旅游服务质量标杆单位共计21家，其中，北京颐和园管理处、广州广之旅国际旅行社股份有限公司、黄山旅游发展股份有限公司、港中旅（宁夏）沙坡头旅游景区有限责任公司四家公司分别入选两次。

表7-1 全国旅游服务质量标杆单位

| 2012年 | 2013年 | 2017年 |
| --- | --- | --- |
| 中青旅控股股份有限公司 | 浙江开元酒店管理有限公司 | 黄山旅游发展股份有限公司 |
| 中国大饭店 | 上海国际会议中心有限公司 | 陕西华清宫文化旅游有限公司 |
| 上海商城上海波特曼丽嘉酒店 | 河南云台山风景名胜区管理局 | 济南舜耕山庄集团公司 |
| 金陵饭店股份有限公司 | 江苏常州恐龙园股份有限公司 | 新疆天池管理委员会 |
| 无锡灵山文化旅游集团有限公司 | 港中旅（宁夏）沙坡头旅游景区有限责任公司 | 广州广之旅国际旅行社股份有限公司 |
| 黄山旅游发展股份有限公司 | 上海春秋国际旅行社（集团）有限公司 | 港中旅（宁夏）沙坡头旅游景区有限责任公司 |
| 泰山风景名胜区管理委员会 | 云南昆明翠湖宾馆 | 北京市颐和园管理处 |
| 广州广之旅国际旅行社有限公司 | 北京颐和园管理处 | |
| 深圳华侨城洲际大酒店 | | |
| 九寨沟风景名胜区管理局 | | |

旅游服务质量标杆单位评选活动的开展使行业内产生了一批具有先进性、示范性和行业代表性的企业，有利于各旅游企业以"标杆单位"为对比目标，开展服务质量对比提升活动，借鉴标杆单位的典型经验，发现自身企业存在的优势与不足，发扬优势，补足短板，实现企业服务质量质的提升，有利于引导各旅游企业加强质量和品牌建设，深入开展旅游服务质量的标准化、规范化、品牌化等对比提升活动，提升旅游服务水平，通过标杆示范，树立企业诚信经营、优质服务，促进旅游业供给侧结构性改革，适应大众旅游时代发展要求，从而带动旅游行业实现整体服务质量提升。

旅游服务质量标杆单位评选活动不仅给各旅游企业树立了标杆，也为消费者的选择旅游供应商提供了权威的参考指标。质检总局和国家旅游局经过层层遴选，评选出标杆单位并在质量自主声明和社会监督平台旅游板块对外公布旅游服务质量标杆单位和标杆培育试点单位公示名单，公示其服务质量承诺和执行标准，设立监督电话和邮箱，接受社会各界监督，受理社会各界对企业违反承诺的反馈。对于申报材料不实、未公示和未履行承诺、服务质量水平明显降低、消费者投诉剧增或居高不下、未能持续推进质量提升的单位将分别取消"全国旅游服务质量标杆单位"称号和"全国旅游服务质量标杆培育试点单位"资格。以上动态管理机制均是为了保障标杆单位评选的公平性与权威性，使消费者在选择旅游服务供应商时，有一个权威的指标予以支持。

旅游服务质量标杆单位评选活动让相关企业获得了巨大的经济效益，自2012年起，质检总局和国家旅游局已累计遴选出21家旅游服务质量标杆单位，开通了旅游服务质量自主声明和社会监督平台，组织多家企业公示质量承诺和执行标准，为企业带来了显著的经济效益，有效引领了行业服务质量水平提升。数据显示，通过开展旅游服务质量提升活动，相关企业的顾客满意度平均值从2013年的92.22升至2015年的94.05；投诉总量从2013年的1166件降至2015年的871件。特别是参加旅游服务质量提升的相关单位，利润年增长率达15.8%，远超行业平均水平[①]。

---

① 资料来源：《中国质量报》。

## 三、典型经验

### （一）中青旅控股股份有限公司

1. 首推"心级化"标准，中青旅用"心"丈量服务

2009年，中青旅率先提出行业内国内旅游服务产品标准化。中青旅国内旅游产品的服务标准以"心"来划分等级，不同的心级体现着满足客户需求功能价值的不同。现有的标准从二心级至六心级分为五等，分别是动心系列、安心系列、舒心系列、贴心系列、倾心系列。在每个标准中，中青旅详细阐述了旅游各个环节的服务细节标准。有了如此详尽的标准，游客便能在购买旅游产品前清晰地了解旅行途中的各种细节服务，从而衡量所购买的产品是否物有所值；同时，旅游产品服务的公开明示保障了游客的知情权，给游客带来更舒心的消费体验。

2. 发布旅游电商新标准，中青旅凭服务制胜

随着在线旅游平台的发展，旅游电商领域竞争日益激烈，价格大战硝烟四起。遨游网作为中青旅在线度假电子商务平台，宣布"主打服务品牌"，率先在中国推出度假旅游电子商务网站的系列服务新标准，具体内容包括：透明价格、阳光行程、安全保障、购物承诺、应急响应、服务追访，充分提升用户体验，与消费者之间建立互信关系，激发了消费者对旅游服务价值的深度认同，充分保障消费者利益。

3. "中介属性"到"会员属性"，"耀悦"提供完美私人旅行服务

中青旅于2013年在京创建高端旅游服务品牌"耀悦"并于2014年在京正式发布，标志中青旅正式进军高端旅游市场。"耀悦"将致力于为消费者创造顾问式的、一站式的、终身制的旅游服务解决方案。基于对高端客户的深度分析，制定出一套完整的高价值服务体系，从旅行前、旅行中、旅行后全方位对客户进行服务。私人旅行顾问模式是"耀悦"的核心理念，旅行专家根据旅游者自身的特点规划适合旅游者的深度旅游产品，给用户带来独一无二的旅行体验。

4. 首推旅游产品对比，遨游网帮助消费者合理决策

2015年，中青旅遨游网在行业中率先推出旅游产品对比功能，用户只要移动鼠标，就可以将旅游产品涉及的各个要素进行清晰比对，食住行游购娱一目了然。据了解，目前仅有遨游网、携程、同程三家旅游电商推出旅游产品对比功能。遨游网得到产品对比功能与众不同之处在于，可以将不同类别的旅游产

品放在一起对比，例如将自由行和参团产品进行对比，有效解决了游客是参团还是自由行的"纠结"。使消费者旅游决策更加简单。

**（二）广州广之旅国际旅行社股份有限公司**

1. 首批引入 ISO9001 国际标准，推进质量管理体系建设

为有效掌控企业服务产品的品质，广之旅于 1997 年正式建立了覆盖各主要业务部门的 ISO9001 质量管理体系，明确了公司的质量方针目标，制定了 24 份质量体系文件，并于 2000 年成为全国首批通过 ISO9001 质量管理体系认证的股份制旅行社。这标志着广之旅全面进入了标准化、规范化管理的新阶段。同时，广之旅根据 ISO9001 国际质量体系要求，编制旅行社自身的质量文件，如《导游员服务操作手册》《计调员服务操作手册》《驾驶员服务操作手册》等，并要求各部门按照文件严格执行。

2. 严格的资源供应商准入与评核机制

广之旅建立了系统、高效、严格的供应商准入机制和年度评核机制，制定了《供应商使用管理办法》制度文件和《服务供方的评价与选用》企业标准，对包括地接社、导游、旅游酒店、餐饮、旅游景区、旅游交通以及其他资源等旅行团运作需获取的旅游供方资源，广之旅定时按照供应商的资质实力、服务水平、履约能力以及对工作配合度等指标，对供应商进行考评和淘汰，从而保证了旅游接待服务质量的稳定。

3. 持续品质建设，打造广之旅金质品牌

广之旅率先在全国旅行社内提出并实施品牌战略。"广之旅"品牌诞生，鲜明的品牌形象在短时间内即广泛传播，深入人心。品牌建设的核心是质量，在 20 多年的发展历程中，广之旅首创"质量保证金"，首创面向旅游消费者开展"十万元买意见"活动，并先后实行了"文明服务承诺制""明明白白消费""百日无投诉""五心服务"等措施，评选及重奖"金牌导游""鼎级金牌导游"，重金招聘"国宾导游"等一系列主题活动，不断提高旅游服务质量，打造广之旅金牌品质。

4. 打造智慧旅游，以信息手段提升服务质量

广之旅全力打造"易起行"智慧旅游服务平台，"易起行"平台是一个分析型、智慧型的电商平台，通过信息技术手段，打通供应商及分销商、平台、消费者的信息链条，丰富线上产品的同时，为个体消费者和团体客户提供全方位旅游信息感知、一站式旅游服务体验，"易起行"平台成功上线后，将搭建涵盖

门店、呼叫中心、PC 端、移动端的多终端营销体系，实现旅行社服务 O2O 融合创新。通过与更多旅游产业链上游供应商的系统对接，"易起行"平台能实时反映包括门票、酒店、机票、旅游线路等各项旅游服务品类的库存、产品价格等相关信息，减少平台运营商在信息接收后进行二次加工的步骤，使平台运作更有效率；同时，避免平台成为"信息孤岛"的情况，实现消费者所见即所得的"可信任的交付"。广之旅以"易起行 ECWALK"平台上线为契机，将通过信息技术手段，充分保障消费者权益，实现旅游服务的创新，不断追求卓越，打造旅行社行业服务金品质。

### （三）上海春秋国际旅行社（集团）有限公司

1. 旅游＋航空，让旅游更便捷

春秋航空是春秋国旅集团的子公司，是国内首屈一指的低成本航空公司。通过旅行社和航空公司的联合，春秋国旅集团充分依托旅游优势，为旅客提供不同价位的机票、酒店商务和旅游套票服务，给游客带来了便捷的旅游服务体验。如今，春秋分布于上海 50 余家门店、全国 31 家分社以及 800 余家代理商那里 1200 多个电脑网络终端，犹如一张密集的大网，不断地从全国各地"网罗"散客资源。这 1200 多个网络终端发出的游客信息被汇聚到春秋总部的电脑里，经过分析处理后，分布于全国各地的游客被归类组团，为特定的旅游人群提供了对应价值的旅游服务。

2. 保证旅游产品品质，进行低价竞争

春秋国旅的低价和一般的低价不同：一方面，大幅降价后的旅游产品仍然保证了旅游产品品质的基础，给消费者带来的是很大的利好，受到消费者的欢迎，另一方面，一向对传统的低价竞争完全排斥、管事甚严的旅游主管部门，对春秋国旅此举并不反对。相关负责人表示：新版《旅行社条例》规定，旅行社不得以低于旅游成本的报价招徕旅游者。因此，不损害游客利益的"低价"旅游产品我们是欢迎的，毕竟低价可以惠及更多人，让各个层次有旅游需求的市民都能出得起门。因此，春秋国旅的低价竞争策略在满足中低收入者旅游需求的同时，也向旅游者提供较高质量的服务，深受旅游者欢迎。

3. TQC、"99+0=0""四每"：严格的质量监督管理机制

公司设有严格的质量监督管理机制。公司全市同业中率先建立了质访科（TQC 部），对每个旅游团队实行回访。34 年来，公司始终秉承"99+0=0"的质量理念，严格执行"每团必访、每周必报、每月兑现、每人建档"的"四每"

质量监督制度,至今已访团队132万余个;累计编制周报1482期;2013年团队平均质量分在90分以上,满意率96.1%。2007年公司导入ISO9001国际标准,建立了质量管理体系并通过了认证,经过6年来不断的改进,质量管理体系一直运作良好,持续保持获证资格,旅游产品服务质量不断提升。

4.健全的导游管理制度提升服务质量

在由强调"顾客满意"到强调"员工满意"的转变中,作为一个线下优势明显的旅行社集团,春秋国旅对导游的科学管理是提升旅游服务质量的重要手段。春秋国旅对导游实行由总公司全面负责的垂直管理体系,总公司下建立了一个导游管理分公司,导游管理分公司中建立了一个导游协会,在上海与全国各地每一个全资的分公司中都设立了导游科。春秋国旅对导游组织不间断的教育培训活动,包括岗前培训,每月一会,每两周一次导游沙龙交流,教育培训计划制订与实施。制定合理的导游薪酬管理制度,注重对导游的考核和成长。